本気で
人を元気にする
介助術

はじめに

　普段から現場でかかわっている，あるいは，目の前にいる利用者を「本気で元気にしたい」と思う人以外は，本書を読まない方がよいかもしれません。

　もし今，あなたが「利用者を簡単に動かす介助法やテクニック」を求めているなら，本書はお役に立たないかもしれません。なぜなら，本書に書かれていることは「介助を通して利用者を元気にするための実践」であり，そのための考え方や効果的な取り組みについて紹介しているからです。

　「利用者を元気にする」と，口で言うのは簡単ですが，実践してみると簡単ではないことがわかります。介助の方法について，「誰でもすぐに簡単にできる」「これさえやればよい」…そんな謳い文句が世の中にあふれていますが，そもそも簡単にできるのなら，世の中に寝たきりや苦痛に耐えている高齢者はいなくなるでしょうし，現場で働く医療・介護スタッフは，もっと自信を持って利用者とかかわっているはずです。それに，簡単にできることなら，プロや専門家なんて必要ありません。

　本来，人は複雑な生き物です。体格も違うし，性格も違う。生きている状況も文化も違う。抱えている病気も違う。体調や気分だって毎日同じとは限らない。そんな人を元気にするためには，通りいっぺんの決まったテクニックではなく，しっかりとした「人を元気にするための考え方と取り組み」が必要になります。

　本書は，そのあたりの「考え方と取り組み」をできるだけわかりやすくお伝えするために，Ｑ＆Ａ方式で書かれています。

　本書は最初から順番に読んでいただいてもよいですし，興味があるところから読み進めてもらってもかまいません。すべての記事を読み進めていく中で，少しずつ共通する考えが理解できると思います。

　「今まで教えてもらったことと違う」と思うことがあるかもしれません。むしろ，今までの常識と逆だと思えるようなこともたくさん書かれています。「目からウロコ」とよく言いますが，それは今まで信じていたことが実は間違っていたり，固執する必要がなかったりする時に起こる現象です。

　本書の内容をすべて信じてほしいと言うつもりはありません。ただ，自分の持っている常

識と，本書に書かれている内容に相違があるというのであれば，今一度立ち止まって，しっかり考えてみてください。本当に今までの常識が正しいのか。それとも，視点を変えれば，違う考えもありなのではないか。そのように自分の価値観や思考と向き合うきっかけになればと思います。

　冒頭で述べたように，人を元気にする簡単な方法はありません。しかし，「人を元気にするかかわり方や考え方」は確実に存在し，それらを本書の中でたくさん紹介しています。すぐに完璧に行うことは難しいかもしれません。本書の実践を通して，少しずつ学びを積み重ねてください。無理なく，少しずつ取り入れていただくことで，この社会で楽に元気に過ごせる人が増えれば幸いです。

2023年10月

谷口　奬

《本書の特徴と使い方》

① 各項目の冒頭はＱ＆Ａで要点を解説しています。各項目の趣旨をここで理解して，本文を読み進めてください。

② 各項目の本文の最後に「まとめ」を掲載しています。ここでポイントを整理してください。

③ 各項目の末尾に私がYouTubeにアップしている「関連動画」を紹介しています。併せてご視聴いただくことで，本書の内容をより深めていただくことができます（スマホやタブレットなどでQRコードを読み取ってご覧ください）。

【1】介助の達人になる方法
相手の動きを奪っていませんか？

Ｑ　介助がもっと上手になるには，どうしたらよいですか？

Ａ　利用者と共に失敗を繰り返す…，その積み重ねで介助者も本人も学習します

　一見，スムーズに行っている介助って実は，援助者の技術を押しつけとで，利用者の動きを奪っているだけかもしれません。相手の動きを無で，自分の思いどおりに動かせたことで満足しがちです。
　上手な介助とは，カッコよく相手を動かす介助とは真逆で，利用者とに安全に失敗できる介助なのです。そのため，介助が上手な人ほど，素には下手な介助をしているように見えます。ここでは，本当の意味で介上手になるための考え方を理解し，陥りやすい落とし穴について考えます

「自分は介助が上手だ」という勘違い

　自分で上手に動くことができない利用者は，基本的に人の手を借りることになります。その動きを援助者が助けることを「介助」と呼びます。
　介助技術をある程度習得していくと，いろいろな人を上手に動かせるようになりますが，それによって陥りがちな罠があります。それは「自分は介助が上手だ」と勘違いしてしまうことです。
　例を挙げると，「利用者を一度で立たせるのが上手な介助だ」「もたつくことなく手早く移乗させるのが上手な介助だ」「とにかく早く起き上がらせればよい」…そんなふうに思っているなら，本当の意味で介助が上手にはなりません。

　あなたはどんな介助技術を磨きたいですか？　とにかくスムーズで失敗なく相手を動かす介助か，それとも相手に寄り添い，失敗を共有することで本人の動きを引き出すことができる介助か。
　あなたは今まで何を学んできたのでしょう？　これからは何を学んでいきますか？　もし人を元気にする介助を習得したいなら，本書の他の項目や，私が講師を務めるセミナーがお役に立てるかもしれません。

こちらの動画もチェック！
https://youtu.be/F1EnLQXxl7M

まとめ

① 上手に介助しているように見えても，実は「相手の動きを奪っているだけ」ということもあります（ドヤ介助）。

② 介助が下手に見える人の方が，介助が上手だったということもあります。

③ 「失敗の機会」を奪うのではなく，失敗に寄り添い，気づきや動きの学習を促進するのが質の高い介助です！

こちらの動画もチェック！
https://youtu.be/F1EnLQXxl7M

目次

第1章

介助で
大切なことを
理解しよう

【1】介助の達人になる方法
相手の動きを奪っていませんか？

Q 介助がもっと上手になるには，
どうしたらよいですか？

A 利用者と共に失敗を繰り返す…，
その積み重ねで介助者も本人も学習します。

　一見，スムーズに行っている介助って実は，援助者の技術を押しつけることで，利用者の動きを奪っているだけかもしれません。相手の動きを無視して，自分の思いどおりに動かせたことで満足しがちです。

　上手な介助とは，カッコよく相手を動かす介助とは真逆で，利用者と一緒に安全に失敗できる介助なのです。そのため，介助が上手な人ほど，素人目には下手な介助をしているように見えます。ここでは，本当の意味で介助が上手になるための考え方を理解し，陥りやすい落とし穴について考えます。

「自分は介助が上手だ」という勘違い

　自分で上手に動くことができない利用者は，基本的に人の手を借りることになります。その**動きを援助者が助けることを「介助」**と呼びます。

　介助技術をある程度習得していくと，いろいろな人を上手に動かせるようになりますが，それによって陥りがちな罠があります。それは**「自分は介助が上手だ」と勘違い**してしまうことです。

　例を挙げると，「利用者を一度で立たせるのが上手な介助だ」「もたつくことなく手早く移乗させるのが上手な介助だ」「とにかく手早く起き上がらせればよい」…そんなふうに思っているなら，本当の意味で介助が上手にはなりません。

　介助技術は，本来「人の動きを助ける技術」です。それがいつの間にか「人の動きを助ける」という一番大切なところを無視して，「相手の身体をいかに上手に動かすか」という技術を磨くようになってしまっているのを感じます。

　時に身体の仕組みを利用して，相手を上手に動かすこともあるでしょう。そのような技術が高ければ高いほど，上手に相手を動かすことができるのですが，結局のところそれは「いかに相手を上手に動かすか」ということであって，「いかに相手の動きを引き出すか」ということではありません。私から言わせると，相手の反応を奪っている限り「二流の介助」です。このような介助をしている人は，無意識的に「負担がなく素早く動かすことが良い介助

で，モタモタしていたら，それは良い介助ではない」という基準を持っています。

「ドヤ介助」になっていませんか？

そもそも利用者は，簡単に動けないから介助が必要なわけです。当然，自分で動こうとするとモタつきます。また，上手に動けなくて失敗を繰り返してしまうこともあるでしょう。

利用者がモタつかないように，援助者が相手の動きを奪って動かすと，一見上手に介助をしたように見えます。逆に，相手の動きを尊重しながら介助をしているのに，それを全く理解していない人が見ると，あたかも介助者のスキルが下手でモタついていると思われるかもしれません。

身体の仕組みを利用し，相手の動きを奪って，一方的にこちらの思いどおりに動かせば，一見するととても上手な介助をしているように見えるでしょう。しかし，それは援助者の自己満足でしかないのです。せっかく**利用者が自ら「失敗から学ぶ機会」や，モタモタしながらでも「自分で動く機会」などを経験しようとしているにもかかわらず，そんな機会を奪っているのです。**

介助技術を磨く人にありがちですが，利用者を自分の技術をアピールする場所，もしくは自分を輝かす道具にしがちです（正直に言うと，昔の自分もこのような傾向があったと思います）。

ドヤ！←
俺，上手いやろ

あなたのその介助，相手の動きを奪った一方的なものになっていませんか？

相手の動きを無視して一方的に動かす介助，「スゴイと思われたい」という承認欲求を満たす介助，「俺って上手いやろ」という独りよがりの介助のことを，私は「ドヤっている介助（略して『ドヤ介助』）」と呼んでいます。素人目には上手に介助をしているように映るかもしれませんが，今の私から見たら，利用者と一緒にもがきながら一生懸命に介助をしている素人の方が，よほど上手な介助をしているように見えることも多いです。

介助において「失敗」は必要なこと

もしあなたが「スムーズで失敗なく動かせる介助が上手だ」と思うなら，一生上手に介助することはできないかもしれません。行きつく先は，一人よがりの「ドヤ介助」だからです。

先ほども述べましたが，本来，介助とは「上手く動けない人に対して，寄り添いながら手助けする」ものです。**相手の動きを尊重しながら介助すると，当然スムーズにいかないことも出てきます。しかし，それは介助される側の人にとって必要なこと**なのです。

たくさん失敗できることで今の自分の身体の状態に向き合えるし，「この方法は自分には合っていない。別の方法はないのか」など，いろいろな発見や気づきがあります。モタモタ

しながら丁寧に失敗を繰り返し，その動きに慣れることで介助される本人が学習した結果，本人が自らの力で立つことができたり，起き上がったりできるようになることもあります。また，そうでなくても，介助を受けた人は自分のことをとても尊重されたように思えるでしょう。

「安全な失敗をしてもらう」のが上手な介助

先述したように，介助に失敗やモタモタすることはつきものです。だからと言って，放置していたらよいというわけではありませんし，乱暴にやってもよいと言っているわけでもありません。失敗して，転倒して，けがをしてしまうようでは意味がありません。

大切なのは**「失敗の仕方をサポートする」**ことです。「利用者の動きを手伝いながら，安心・安全に失敗することを手伝えるのが上手な介助」…そう考えると，「上手に手早く動かす」こととは全く真逆の考えと言え

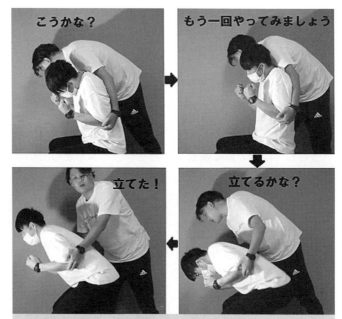

こうかな？　もう一回やってみましょう

立てた！　立てるかな？

一見，モタモタした介助に見えても，利用者の失敗を尊重した丁寧なサポートは上手な介助と言えます。

ます。むしろ**「失敗を尊重し，その失敗を適切にサポートする技術」**…それを磨くことが「介助の達人」への道だと言えます。

同僚や部下の介助を見直してみよう

もし職場の同僚や部下がモタモタした介助をしていたら，それが本当に質の悪い介助なのか見極めてみましょう。もしかすると，相手に合わせて丁寧に介助していただけかもしれません。

もちろん現場では，限られた時間の中で介助することが求められるので「モタモタしている介助を見たらイライラする」という気持ちも理解できます。それでも，ただ下手だという認識から「もしかすると相手の動きに寄り添った，上手な介助をしているのかもしれない」と思うと，同僚や部下を見る目も変わるかもしれません。

もちろん，ただモタモタした介助をしていたらよいというわけではなく，ましてやそれが乱暴な介助なら論外です。乱暴な介助で失敗しても，それは上手な介助とは呼びません（単純に下手です）。あくまでも**上手な介助とは，「利用者の動きを尊重しながら行う丁寧な介助」**

のことを言います。そんな介助の繰り返しが人を元気にします。

　あなたはどんな介助技術を磨きたいですか？　とにかくスムーズで失敗なく相手を動かす介助か，それとも相手に寄り添い，失敗を共有することで本人の動きを引き出すことができる介助か。

　あなたは今まで何を学んできたのでしょう？　これからは何を学んでいきますか？　もし人を元気にする介助を習得したいなら，本書の他の項目や，私が講師を務めるセミナーがお役に立てるかもしれません。

こちらの動画もチェック！

達人ほど下手!?
9:13

Q.介助が上手くなるにはどうしたらいいですか？【介助の達人とは？】
https://youtu.be/F1EnLQXxl7M

まとめ

①上手に介助しているように見えても，実は「相手の動きを奪っているだけ」ということもあります（ドヤ介助）。

②介助が下手に見える人の方が，介助が上手だったということもあります。

③「失敗の機会」を奪うのではなく，失敗に寄り添い，気づきや動きの学習を促進するのが質の高い介助です！

テクニック（技術）よりも大切なこと

　「介助が上手になりたい」という思いでテクニック（技術）を得ようとすることはわかりますが，それ以上に大切なことが３つあります。これなしにはいくらテクニック（技術）を習得しても，介助が上手くいかないと言っても過言ではありません。

「余裕」を持つ

　１つ目は「余裕」です。当たり前のように思われがちですが，現場では余裕がなくなることも珍しくありません。例えば，介助が上手くいかなくなったとたん，焦って力任せに相手を動かそうとしたり，自分自身が不安でソワソワしていると焦って普段の実力が全く出せなくなったりすることもあります。いくらすごいテクニック（技術）を覚えても，結局それを発揮できる余裕がないと，全く意味はありません。

　また，不安や余裕のなさは，利用者に伝染します。援助者だけでなく，介助される人も余裕がなくなると，お互いに本来の力を出すことはより難しくなるでしょう。それでまた焦って，さらに余裕がなくなるという悪循環に陥りかねません。

「関係性」を良好に保つ

　２つ目は「関係性」です。人は常に関係性の影響を受けます。あなたがめちゃくちゃ嫌いな人に，身体を触れられることを想像してみてください。それだけで自身の緊張は爆上がりするのではないでしょうか？　そんな人に介助されると身体は固まってしまい，楽に動くことは難しいでしょう。また，援助者も，相手が固まっている分，介助がめちゃくちゃ大変です。

　逆に，いつも仲の良い人だと介助される時にちょっと協力したいとか，安心して相手に身体を預けることができます。関係性が悪いと，実力を発揮することはできません。日頃からのかかわりの積み重ねが，良い介助のベースになるのです。

「時間」をつくる

　３つ目は「時間」です。忙しいのは重々わかりますが，時間がないと良い介助はできません。「相手のペースに合わせる」「相手の反応を待つ」「丁寧に動いて失敗しながら学習する」…これらはどれも時間が必要なことです。

　もちろん生きている限り，時間は限られています。ただ「ベター」でよいので，いつもより少しだけ時間をとる工夫をしてみてください。その時間が介助の質を高めてくれます。そして，時間があるから「余裕」をつくり，その余裕が相手と良好な「関係性」をつくる…そんな良い循環をつくることが可能になります。

あなたの「余裕」「関係性」「時間」を大切に

「介助の質を上げる」というと，介助する場面だけを想定しがちですが，実はそんなことはありません。援助者の日頃の過ごし方や態度が影響するものです。

都合よく介助の場面だけ「余裕」を持つことなんて，よほど器用な人間以外不可能です。日頃から余裕を持って，落ち着いて過ごす必要があります。介助に使う「時間」も，都合よく増えることなんてまずありません。時間に追われる毎日ならば，日頃の他の業務や働き方を調整する必要があります。「関係性」にしても普段嫌われているのに，介助の場面だけ相手に好かれるなんてことは基本的にありません。日々の丁寧なかかわりの積み重ねがあってこそ，介助の場面でも良好な関係が築けるのです。

難しく考える必要はありません。これら3つの要素は，援助者自身を大切に扱うためにも必要な要素でもあります。自分に「余裕」を与え，「時間」をつくり，良好な「関係性」の中で過ごすようにする。介助するあなたが，まずそのように自分を大切に扱えるようにすることが，相手を丁寧に扱うことにつながります。

日々の過ごし方をおろそかにして，その場面の技術のみで解決しようとすること自体，無理があることなんです。逆に考えると，日々援助者が余裕を持ち，時間があり，関係性が良好だとそれだけで介助の質は高まります。

援助者が日々豊かに幸せに過ごせるようになること。それが利用者の幸せになり，みんなハッピーに生活できることなのです。相手のことも大切ですが，その前にまずは自分を大切にすることをお勧めします。

【2】上手に触れることが大事な理由

人は関係性の中で反応し動く

  Q 介助する中で「触れ方」って大事なのですか？

  A めちゃくちゃ大事です！
「触れ方」一つで，人の反応は大きく変わります。

　私のセミナーに参加された人の大半は，「触れ方でこんなにも人の反応って変わるのか！」と，実際に自分の身体で体験してとても驚かれます。「触れる」ことは，一般的に思われているよりも奥が深いのです。

　本来であれば，セミナーに参加して自身で体感することが一番なのですが，ここでは「触れ方のコツ」について「触れる前」「触れた時」「動きを介助する」の3つのステップで解説します。完璧を目指すのではなく，今よりベターになればよいと考えてください。

【ステップ1：触れる前】安心感を持ってもらう

　介助する際に，相手をすぐに動かそうとするのはよくありません。なぜなら，人は一方的に動かされることを本能的に嫌うからです。さらに手先で動かそうとすれば，相手は無意識に「動かされたくない」と思い，抵抗します。嘘だと思うなら，街を歩いている他人の手をいきなり引っ張ってみてください。大抵の人はすごく抵抗したり，身体がガチガチに固まったりするでしょう（警察に捕まっても私は責任を負えませんが…）。

　そのように考えると，いきなり相手を動かすような介助というのは，私たちの日常の中で警察に通報されるようなレベルのことであり，相手に嫌われることをしている可能性が高いということです。

　相手に触れる前に，「この人は安心感のある人だ」と思われること，つまり「この人の介助なら受け入れてもよい」と思われるような工夫が必要です。

　例えば，挨拶をきちんとすることも大事です。笑顔も大切かもしれません。今から触れることに，同意を得ることもよいでしょう。認知症の人で言語的な理解が難しい場合でも，声のトーンなどを優しくして敵意のないことを伝えることも必要かもしれません。

　介護現場は，さまざまな病気や症状を抱える人との関係性で成立しています。したがって，

マナー講座で覚えてきた形式的な対応をするより，相手に触れる前に少しでも安心感を持ってもらえる対応ができるように，柔軟に考えるとよいでしょう。

　礼儀だけ正しくしても，声が硬かったり，せかせかした態度だったりなど，相手が不安を抱くような対応なら意味がありません。同じ対応をしても，一人ひとり反応は違います。目の前の人が安心できる態度とは何かを考えることが重要です。

【ステップ2：触れた時】まず馴染む・いきなり動かさない

　相手が援助者に対し，ある程度，安心感を持つことができたら，援助者は実際に「触れる」ということを行います。うまくいくと，相手も触れられることを許してくれているはずです。しかし，そこでいきなり動かそうとすることは禁物です。**人は動くためには，少し準備が必要**だからです。いくら安心していても，急に動かされると戸惑いますし，緊張も高まります。試しに友達や家族など，仲のよい比較的安心できる関係の人に，いきなり身体をつかんでバッと向きを変えてみてください。たぶん普通に怒られます（ケンカになっても私は責任を負いません）。

　時間はそれほど必要ありません。**3〜10秒程度，自分の手が相手の身体と馴染むまで待ちます。自分の手と相手の身体がじわっと一体化するような感じが得られたら成功です。**相手は介助を受け入れやすくなり，抵抗感が減り，逆に一緒に動こうとさえしてくれます。少しの間を挟むことで，相手は援助者の手を受け入れ，さらに動く準備を始めてくれます。

　ここまできて初めて「動きを介助する」という段階になります。逆に言うと，この【ステップ1】と【ステップ2】をおろそかにすると，この時点で相手の身体は無意識に抵抗感が強くなり，当然緊張も強くなるでしょう。また，一緒に動くための協力もしてくれません。ですので，まずは【ステップ1】と【ステップ2】をきちんと実践することが大切です。安心もなく，戸惑いの中で動きを介助することは相当困難です。

【ステップ3：動きを介助する】相手と一緒に動く

　相手の動きを介助する上で大切なことは，「手先で相手を動かさない」こと，そして「相手の反応を尊重する」ことです。この2つができるかどうかで，介助の質は格段に変わります。

手先で相手を動かさない

　まず「手先で相手を動かさない」ということは，【ステップ1】で説明したように，人は他人に動かされることを本能的に嫌うという側面が強く，手先だけで動かそうとすると，相手は「動かされた感」がすごく強くなり，緊張が高まり，援助者の介助に応じにくくなります。

　解決策としては，「援助者の全身を使って，相手と一緒に動くようにする」ということです。「**相手を動かす**」ことと，「**相手と一緒に動く**」ことは全く違います。手で引っ張るのではなく，手はできるだけリラックスして相手の身体に触れ，自分の体重を移動するようにして介助します。そうすることで，相手も一緒に動きについてきやすくなります。

上は，援助者が手先で相手を動かしています。
下は，援助者が全身を使って相手と一緒に動いています。援助者の動きの違い，わかりますか？

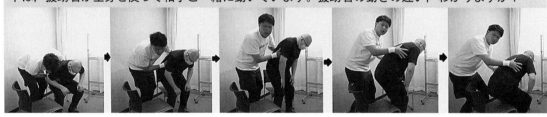

相手の反応を尊重する

「相手の反応を尊重する」ということは，「援助者の主導で動かさない」「相手の反応を待つ」ということです。

実際に介助していると，相手は必ずしも同じ方向に動いてくれるわけではありません。援助者の思いもしなかった方向に，相手が動くこともあるかもしれません。介助が下手な人は，無理やり自分の思いどおりの方向に相手を動かそうとします。しかし，それは結局，利用者からすると「無理やり動かされた」という体験をしているに過ぎませんし，そうなると抵抗したくなってしまうものです。

相手が思った方向に動かなくても，援助者はその動きを邪魔せず，やらせてあげてください（もちろん安全な範囲でお願いします）。もしくは，少しだけ待ってあげてください。そうすることで，相手は**「受け入れてもらった」という体験をする**ので，より介助に応じやすくなります。

また，援助者のスキルが上がると，利用者のイレギュラーな反応を援助者が尊重し，その動きを介助に取り入れることで一緒に動くことができるようになります。最初は難しいと思いますので，まずは介助をしようとして，相手から抵抗や予想しない反応が起こったら，いきなりそれを修正しようとせず，**「受け入れる」「少し落ち着くまで待つ」**ということをしてください。それだけも相手の反応は随分と変わります。

相手からすると，「私の反応を無理やり押さえ込んで自分の思いどおりに動かそうとする人」から「私の動きを尊重してくれながら一緒に動こうとしてくれる人」に昇格するわけです。どちらがあなたの介助を受け入れてくれやすいかは明白だと思います。

介助は「コミュニケーション」

ここまで読んでいただくと，なんとなく理解できるかもしれませんが，**介助は「コミュニケーション」なのです。人と人の関係性の中で，相手の動きを助けることを「介助」と呼び**

ます。介助というかかわりの中で安心してもらうのも，戸惑いを避けるのもコミュニケーションであり，相手の動きを尊重したり受け入れたりするのもコミュニケーションです。

　現在，日本で紹介されている介助法は，一方的に相手を動かす方法がほとんどであると言っても過言ではありません。人を感覚や意思のない「肉の塊」としてとらえて，それをどう効率よく負担なく動かすかという方法論が多いです。それによって介助する人の腰は守られるかもしれませんが，そこに豊かな人間関係が存在することは難しいでしょう。

　人は自分の反応を尊重されることで，関係を紡ぎ，豊かに過ごし，元気になっていくものです。**一方的に動かされる介助を受けた側からすると，それは「私の反応を無視して動かされた経験」にしかなりません。そのような経験を積み重ねると，人は動く意欲がさらに失われていきます。**

　ここで述べた「触れ方」も，テクニックで収まるものではありません。人は関係性の中で反応し動きます。介助を通して，人間関係を豊かにしてください。介助が丁寧で上手になれば，お互いによい関係が築け，あなたの身体も楽になり，相手も元気になります。そして，毎日の仕事が今以上に楽しくなるでしょう。

まとめ

①介助は「触れる前」「触れた時」「動きを介助する」の３つのステップで考えましょう。
②相手は肉の塊ではなく，生きている人間だということを理解しましょう。
③介助を通して，相手との関係性を豊かにすることが一番の触れるコツです！

こちらの動画もチェック！

介助が上手い人の触り方
プロと素人の違いは何？？
10:04
介助が上手い人の触り方【起き上がり・立ち上がり・寝返り】
https://youtu.be/1IoDcWBLH-A

それはまるで『魔法』のよう…
緊張を緩和する触り方
介助や可動域訓練に必須
8:51
緊張を緩和する触り方【介助や拘縮予防に必須です】
https://youtu.be/d2Urkvb7B1A

脱・投げ技介助
上手に動かす介助から相手に寄り添う介助へ
3:31
相手の動きを『待つ』重要性
https://youtu.be/-veJs50tAjw

介助やリハビリで思わず相手が動き出したくなる触り方
13:18
【介助・リハビリで】相手が思わず動きたくなる触り方
https://youtu.be/1N5UGkx7bac

【3】認知症と介助の深い関係
乱暴な介助は認知機能を悪化させる！

  Q 介助で認知症を予防することはできますか？

  A 介助の質は，良くも悪くも認知機能に強く影響を及ぼします。

　認知症というと，心や頭の問題にフォーカスされがちですが，実は身体へのかかわりも認知症の症状に大きく影響します。実際に心と身体はつながっているのです。

　丁寧な介助は認知機能の低下を予防し，逆に乱暴な介助は認知機能を大きく悪化させる可能性があります。援助者の日々のかかわりが，認知症にどのように影響するのかを解説します。

認知機能と介助の関係

　介助というと，「動けない人を援助者のペースで動かす」というようなイメージがあるかもしれません。しかし，そのような介助は認知症を悪化させかねません。

　本来，人は他人に動かされることを本能的に嫌います。そして，認知症の人は状況を把握するのがとても苦手です。あなたが電車に座っている時に，知らない人に急に腕を動かされ立たされたら，どんな感情になりますか？　「私の意思とは無関係に動かされた」と，かなり不快な感情が残ることがほとんどだと思います。認知症の人は，このような体験を毎日しているのかもしれません。もし，あなたが毎日知らない人から急に動かされ続けて誰も助けてくれないなら，精神が疲弊してもおかしくありません。逆に，状況がわからなかったとしても，極力相手のペースを尊重した介助を行えば，少なくとも「無理やり動かされた」という感情はかなり軽減します。**無理やり動かされる毎日か，自分の反応を大切にしてくれる毎日か。それによって，認知症の症状が大きく変わるのは当然**だと思います。

　ここでは，認知症と介助の深い関係性を知るために，人はどのように空間や時間，記憶を認識しているか解説します。

空間を認識する仕組み

　私たちは空間を普段どのように認識しているでしょうか。例えば，今あなたがトイレに行こうとして，迷わずに行けるのはなぜでしょうか？

　人が迷わず目的の場所を認識できるのは，常に自分の向いている方向を基準に，空間を認

識することができているからです。テーマパークなどで道に迷った時には，まず地図を見て，自分が「どの位置で」「どの方向を向いているか」を確認しますよね。それが確認できなければ，どこを目指せば目的のアトラクションに行けるのかがわかりません。私たちは自分が向いている方向が明確だからこそ，周囲に何があるかを把握することができ，空間をしっかりと認識できるのです。逆に言うと，**自分の向いている方向が不明確だと，空間を認識することはできません**。

時間を認識する仕組み

　次に，時間の認識について解説します。時間という目に見えないものを，人はどのように認識しているのでしょうか？　例えば，今あなたの意識が急になくなったとして，気づいたら病院のベッドに寝ていたとします。その時「どれくらい時間が経過したか」を認識できるでしょうか？　無理ですよね。もちろん部屋にあるテレビの放送を見て客観的に確認することはできるかもしれませんが，もし悪意のある第三者が過去の放送を流していたら？　あなたは時間を勘違いして認識するでしょう。例えば，３年間寝ていたにもかかわらず，１年前のテレビの放送を流せば，意識を失って２年経過したと認識するでしょう。

　このように，時間の認識を狂わすことはとても簡単なのです。意識を失わせて別のところに運べば，簡単に時間の認識は壊れます。

　人が時間を認識していると思っているのは，時間そのものではなく**「物事の連続性」を認識している**だけなのです。変化する関係性の変化をとらえて，時間があるように実感しているにすぎません。連続性が途絶えると，人は時間を認識することができません。

人はなぜ記憶することができるのか

　最後は記憶についてです。私たちは，どのように「覚える」という行為をしているのでしょう。５日前の夕食にあなたは何を食べましたか？　すぐに答えられる人は稀だと思います。しかし，５日前に自分はどこでどんな人と過ごしたか，その日，何をして過ごしたか…そんなふうに少しずつ関連付けしていくと，思い出せる人も増えるのではないでしょうか。

　実は，私たちの単純な記憶容量はほとんどありません。例えば，英語以外の馴染みのない国の言葉（ペルシア語など）を５つ覚えるだけでも苦労します。それを１年後も覚えている人は，かなり少ないと思います。なぜ，馴染みのない言語をすぐに覚えることができないのでしょうか。それは関連付けをすることができないからです。

　私たちの記憶は，関連付けをすることで機能しています。この関連付けができなければ，記憶力は低下しているように思ってしまうのです。つまり，**記憶とは「関連付け」する能力**と言えます。関連付けることができるほど，詳細に覚えることができます。

乱暴な介助は認知機能にどのような悪影響を起こすか？

　例えばあなたが患者で，仰向けになって寝ていたとしましょう。あなたはまだ眠く，意識は少し朦朧としています。その時に誰かが急にやって来て，何かをしゃべっています。そして急に身体を起こされて，車いすに乗せられどこかに運ばれました。急いでいるようで，車

いすのままテーブルまでビュンと誘導されました。そして，少し目が覚めてきて意識がはっきりすると，目の前には知らない人が座っています。これが365日行われるとしたら，あなたの認知機能はどうなるでしょうか？

　もしかすると，今のあなたでも認知症の症状が出現する可能性があるのです！　先ほどまでベッドで寝ていたと思っていたのに，気づいたら食堂で座っているのですから，まるでテレポーテーションです。当然自分の向きなんてはっきりとわかるわけがありません。自分が向いている方向がわからなければ，トイレの位置も曖昧になります。また，寝ていたのに気づいたら目の前に人がいるという状況は，変化の連続性が損なわれているので，時間の認識も曖昧になります。空間や時間の認識が曖昧だと当然，関連付けすることはできないので，記憶することも難しくなります。

　空間の認識がさらに悪化していくと，遂には自分のいる場所さえどこなのかもわからなくなります。時間の認識がさらに悪化すると，自分がこれまで過ごしてきた時間の流れも曖昧になって，自分は子どもだととらえるかもしれません。関連付けすることができなければ，たとえトイレの位置や実際の年齢を教えたとしても，物事につながりがなく全部ふわっとしているので，数秒もすればすぐに忘れていくことになるでしょう。

　乱暴な介助は，身体にだけ負担がかかると思われがちですが，このように認知機能にも重大な悪影響を与えることになります。逆に考えると，**相手の反応を尊重しながら丁寧に介助することで，認知機能の低下を予防することも可能**です。

「認識」を助けることも立派な介助

　介助というと「動かない身体を動かす」ととらえがちですが，相手の動きをサポートするという側面で考えると，**「認識を助ける」**ことも立派な介助です。

　起床時にはしっかり声かけをして，今から「起きる」という認識をきちんと持ってもらう。仮に言葉が通じなくても，声かけしながら触れることで，「今から何かするのかな？」という認識が高まります。意識も少しずつ覚醒していきます。

　また，起き上がりや移乗介助の際も，急に動かすのではなく，なるべく「自分が動いている」という実感を持ってもらえるように，相手のペースを尊重しながらかかわる。車いすで食堂まで誘導する時も，相手が景色の流れを認識できる速度で行う。そのような連続性を実感することで，空間や時間のテレポーテーションを防ぐことができます。場合によっては，移動中に声かけして，壁の飾りや置いてある花などを見てもらうとよいでしょう。このような日々のかかわりが認知機能の低下を予防し，また人として尊重され，豊かに生きていくことができるのです。

　認知症は複雑な症状ですので，これだけですべてを予防することは難しいかもしれません。しかし，介助の質は確実に認知機能に影響を与えています。そし

こちらの動画もチェック！

介助と認知症【認知症ケアに必須です】

https://youtu.be/Y8FUXKU_1fA

て，これは相手を思いどおりに動かすという技術うんぬんの話ではなく，**相手の反応を奪って乱暴にするか，反応を尊重し丁寧にするかという「態度」の話**です。もちろん成功することもあれば，失敗することもあるかもしれません。そこに，本書や私のYouTubeやセミナーで紹介している技術があれば，より丁寧に行うことができるでしょう。しかし，まずはいったん，技術やテクニックという枠組みから離れて，自分なりに相手の反応を見ながら丁寧にかかわろうとすることから始めてみてはいかがでしょうか。案外丁寧にするということだけでも奥が深いことに気づきます。

まとめ

①乱暴な介助は認知機能を悪化させます。

②介助の質は，空間も時間も記憶も，すべての認識に影響を与えます。

③「認識を手伝う」のも立派な介助。動かすだけが介助ではありません。

本当の自信をつけるには？

「条件付きの自信」は脆い

　「成功体験をすることで自信を持つ」ということを聞いたことはないでしょうか？　実はこの考え方はとても危険なのです。例えば，事業で成功することで自信をつける。自分のしたことを誉めてもらうことで自信をつける。身体を鍛えることで自信をつける。お金持ちになることで自信をつける。成功体験から自信をつける方法はいくらでもあります。何らかの条件を達成することで自信を持つという考え方です。私はこれを「条件付きの自信」と呼んでいます。

　一見すると成功体験を積むことで本人も有能感が生まれ，気分も良いものですから間違いではないように思います。しかし，ここに大きな落とし穴があるのです。これらの条件を達成し続けているうちは自信が持てます。自信満々な雰囲気をかもし出しているかもしれません。では，これらの条件がなくなったらどうでしょう？　事業で失敗してすべて失ったら？　何をやっても見向きもされなくなったら？　老いや病気で身体が弱ったら？　お金を全部失って，牛丼を買うことさえ躊躇するようになったら？　「条件付きの自信」は，あっけなく崩壊してしまうでしょう。今まで自信の塊だったと思えた人が，別人のように変わってしまうことも珍しくありません。成功体験をいくら積み重ねても，その条件が壊れると自信は崩壊します。「条件付きの自信」はハリボテの自信なのです。一見とても強くあふれ出る自信でも，条件が崩れるとすべて壊れるとても脆弱なものなのです。

本当の自信とは？　安心・安全な失敗を支える

　本当の自信を得るためには，実は「条件のない自信」を手に入れる必要があります。常に何かを持つことや，何かをすることに価値を置くのではなく，「何も持たなくても，何もできなくても，自分は無条件に価値がある」ということが本当の自信なのです。つまり，自信とは条件のないものなのです。逆に言うと，「条件付きの自信」を追いかけているうちは，本当の自信を手に入れることはできません。

　では，利用者にどのように本当の自信をつけてもらえばよいのでしょう？　何も持っていなくても，何もできなくても，「自分は価値がある存在だ」と思えるようになるには，どのようなかかわりが必要でしょうか。その鍵は，成功体験とは反対の失敗体験の中にこそあります。

　実は，どんな失敗をするかによって，自信のつき方は大きく変わるのです。例えば，失敗した人に「だからお前はダメなんだ」「成功しないお前は無価値だ」と言う。これは言うまでもなく最悪な対応です。そうではなく，失敗をした人に「失敗してもあなたは大切な存在だ」「失敗してもあなたと楽しく過ごしたい」と伝えるのです。

前者と後者とでは，どれだけ違いがあるでしょう。もちろん今は言葉で表現していますが，これは態度でも伝わるものです。失敗したのを見て，イライラしたり機嫌が悪くなったりするのと，失敗した時でも一緒に落ち込んでくれたり，逆に優しく笑っていてくれたりするのとでは，どのような違いがあるでしょう。前者では「成功するまで自分は認めてもらえない存在だ」と思い，後者では「失敗しても自分は受け入れてもらえる存在だ」という認識に変わるのではないでしょうか。

自信を持ってもらうためには？

これまで説明してきたとおり，成功体験を積ませても本当の自信はつきません。そればかりか「自分は成功しないと認められない存在だ」と思ってしまえば，ますます本当の自信から離れてしまうと言っても過言ではありません。

援助者の一番大切な役割は，「相手が失敗した時の態度」です。仮に相手が失敗した時でも，安心感をいかに持ってもらうか。「失敗しても案外楽しいな」「失敗しても大丈夫だな」と思ってもらうようにサポートすることが重要です。それを言葉だけでなく，態度でも表します。その具体的な方法は，関係性や人によって変わるかもしれません。単純に，「気にしなくて大丈夫ですよ」「またかかわらせてください」と笑顔で話すのもよいかもしれませんし，ただ隣で一緒にいる時間を過ごすこともよいかもしれません。とにかく，失敗した時こそ，より丁寧にかかわることで，本人が自信を少しずつ構築し，失敗しても「生きる安心感」を得ることができるようにサポートすることが大切です。そして，この無条件の「生きる安心感」こそ，自信と言われるものの正体なのです。

「老い」の中で安心して生きる

人は老いることで，できないことが増えていきます。つまり，成功体験ではなく失敗体験が増えていくのが「老い」とも言えます。立とうとしても上手く立てなくなる。トイレで失敗する。約束を忘れる。不器用になって何をするにも時間がかかる…など，いろいろな失敗と向き合うことになるでしょう。

その時に，ここで私が述べたことを思い出してください。失敗の中で人と人が十分に関係を持ち，失敗を受け入れながら支えることができたら，その人は老いながらでも，失敗しながらでも，「生きていいんだ」と実感することができ，これからも老いと向き合いながら人生を送ることができるでしょう。重要なことは，「成功できなくても自信をつけることができる」ということです。

よく人は失敗から学ぶと言います。これは紛れもない真実です。安心して失敗できる環境にいる人は，たくさん挑戦することができます。すると，逆に成功することも増えます。成功するためには，失敗するという考え方が大切です。私も失敗することで学習する方法を教えています。ただ本音を言えば，失敗から何も学ぶことができなくてもよいのです。何も学ばなくても，あなたには生きている価値がある。そう実感してもらうことで，人は明日も生きていけるのです。

【4】安静介助と予防介助
手段ではなく目的にこだわる

 Q いろいろな介助方法があって混乱しそうです。

 A あなたはどんな介助をしたいですか？
目的によって，学ぶ方向性を決めましょう。

　世の中にはいろいろな介助法があふれていますが，介助の目的によって「安静介助」と「予防介助」の２つに分類することができます。
　現状では，この目的が明確でないために，何を学べばよいか混乱している人も少なくありません。よかれと思って行った介助が，逆効果になることもあります。「○○介助法」や「××テクニック」などの手段や名称にこだわる必要はありません。この項目で頭を整理して，自分のしたい介助を積み重ねていくことをおすすめします。

　介助を目的別に分けると，さまざまな介助法は「**安静介助**」と「**予防介助**」のどちらかに集約されます。どちらが素晴らしいというものではなく，どちらも必要な介助技術です。それぞれの特徴とメリット・デメリットを紹介します。

安静介助とは

　安静介助は**「負担なく安静に人を動かす」技術**です。介助される人は安静に動かないようにして，援助者はそれを負担なくＡ地点からＢ地点に運ぶという考えです。乱暴に持ち上げたり動かしたりするのではなく，人間の身体の構造を利用しつつ，「いかに介助する人と介助される人の負担を減らすか」を目的に介助をします。介助する人の腰痛の負担を軽減するためによく用いられます。
　この場合，介助される人は基本的に「動かされる存在」ですから，「動かない」ことが要求されます。よくある例として，仰向けに寝ている人に身体の前で両手を組んでもらい，両膝を立てて寝返りをしたり（手足を使わせていない），身体の下にスライディングシートを入れて，滑らすように頭側方向に移動したりする方法です。リフトを使うような介助も，安静介助の一つです。

安静介助のメリット
　安静介助のメリットは，援助者が相手の身体を効率的に運搬することで，援助者の身体的負担が減ります。援助者はある程度手順どおりにすればよいので，介助する工程もわかりや

すいです。介助される人にとっては「自分で動かなくて済む」ので，基本的に動くことのリスクを減らしたい人にとっては有効です。例えば，大けがをした人や全身やけどを負って動けない人は，リフトなどを使用することによって安静に移乗できれば，介助のたびに起こる移動で苦しむリスクは軽減できるでしょう。また，腰痛を抱えているなど，身体に何らかの不安がある援助者の場合，介助中に負担がかかるリスクを減らせるので安心して介助できます。

安静介助のデメリット

　安静介助のデメリットは，「人の自然な動きではない」「動く機会を奪っている」「徐々に身体機能が低下し動きにくくなる」ということが挙げられます。

　安静介助の代表例として，「相手を滑らす（スライディング）」介助がありますが，**スライディングを繰り返すたびに小さな緊張が生まれます**。また，介助される人も身体をひとかたまりにして一度に動かされるため，自分で動く機会がなくなってしまいます。一度くらいでは大きな問題になりませんし，短期的な対処には有効かもしれませんが，繰り返すことで身体の緊張が高まり，結果的に拘縮を助長することになります。拘縮は，このような緊張が原因で発生します（P.78参照）。また，動きのつながりや人間の発達から考えると，「寝た状態からゴソゴソする動き」が，寝返りやベッド上での移動につながり，さらにその動きをベースにすることで，起き上がりや座位など多様な動きにつながっていきます。「ゴソゴソする動きができない」といった最初の部分でつまずくと，発達するための土台が作れず，そこから先の動きに発展させることはできません。当然寝たきりを予防したり脱却したりすることも難しくなるでしょう（P.47参照）。

　スライディングシートやリフトを使えば，拘縮を予防できると主張する人もいますが，それは正確な表現ではありません。乱暴に介助することに比べると，それらの道具を使うことで強い拘縮のリスクは下がりますが，小さな緊張が蓄積し，拘縮自体は少しずつ確実に進行していきます。安静介助によって極端な悪化を軽減していくことはできますが，拘縮のリスク自体がなくなるわけではありません。つまり，**安静介助だけを長期間続けていると，廃用や拘縮を予防することは難しい**と言えます。むしろ，小さな廃用が積み重なることで少しずつ廃用は促進されていきます。

　また，介助される側からすると，「スライディング」することや「上から吊り上げて動く」ことは人の本来の動きではないため，そのような動きで扱われるほど本来の動きを忘れ，無理な動きで動くようになります。そのため普段から努力的に動くようになり，そのことでより身体の緊張を強めます。また，手足や身体をコンパクトに丸められることも，人間の本来の動きとは真逆の行為なので，介助される人はさらに努力的な動きを覚えてしまいます。「コンパクトに丸める」ほど人を運搬することは楽にできますが，自分で動くことは苦しくなります。

　さらに，動かないことを求められるので，**自分で主体的に動く機会が減り，動かない習慣が強まってしまい**，受け身になりやすいと言えるでしょう。動かないことを前提に支援する

ために，長期的には重度化していく傾向にありますから，援助者の介助の負担はさらに上がっていきます。

　このようなことは，素人目には一見わかりにくいことかもしれません。ですが，よく観察したり自分の身体を使って体験してみたりするとわかります。その際は，できるだけゆっくり丁寧に観察してみてください。普段，自分自身は安静介助で行われる介助のように動いているだろうか。毎日このような介助を繰り返すことで，本当に相手は動けるようになるだろうかということを考えながら，滑らせた時や一方的に自分の身体を動かされた時にどのように身体の緊張が高まるか，呼吸は楽かなど自分の身体を観察してみてください。また，インターネット上の動画などで，これらの道具を使って介助されている人の身体を見てください。滑らされている時，よく観察してみると，健康な人でも身体を固めているのが見て取れます。

《体験してみよう》
　手足を曲げて，できるだけコンパクトに小さく丸まった状態のまま，できるだけ狭い空間で床から立ち上がってみてください。動きやすいですか？　動きにくいですか？

予防介助とは

　予防介助とは，「**介助することで廃用や重度化（もしくは要介護状態）を予防する**」という考え方です。安静介助では介助される人に「動かないこと」を求めますが，予防介助では「自ら動いてもらう」ように支援します。ただし無理やり動かすのではなく，自然と楽に動けるように介助を通してサポートします。**日々の介助を通して，楽な動きを本人が学習できるようにかかわります。**

　同じ介助でも，安静介助とは全く逆の発想になります。自分で動くためには，不自然で無理な動きである身体をコンパクトに丸めることも，身体を滑らすようなことも行いません。本来の自然な人の動きである，身体をゴソゴソ動かしながら移動することを手伝います。

　また，このように述べるとリハビリ的な発想を持たれるかもしれませんが，従来の「頑張れ一辺倒」のリハビリ視点とは真逆の発想です。**緊張して寝ている人に楽に寝てもらえるように支援したり，座位でリラックスして過ごせるようにしたりする**ことも予防介助のかかわりです。頑張って動いてもらうのではなく，楽な動きを増やし，楽に過ごしてもらうことでその人が持っている本来の能力を引き出します。予防介助は，あくまで生活の中で本人が楽に動いてもらうための考え方とスキルであり，訓練のような苦しいものではありません。

予防介助のメリット

　予防介助のメリットとしては，**介助を通して相手が楽に動けるようになる**ことです。寝た

きりの人にゴソゴソ動くことを促す介助をすることで，自らゴソゴソ動くことを覚え，褥瘡を予防することができたり，肺炎を予防して健康的に過ごすことができたりします。また，緊張が抜けることで楽に過ごせるようになり，立てない人に予防介助を繰り返す中で，立つことを覚えてもらうことができたりします。当然，人によって状況は変わるので同じ結果が出るわけではありませんが，少なくとも目の前の人に合わせて能力を引き出し，またその能力を使ってもらうことで楽に過ごしていただくことができるようになります。

　相手が元気になるようなかかわりができるようになると，単純に援助者の仕事のモチベーションが高まりやすいです。実際，予防介助を実践することで毎日の仕事が楽しくなったという声をよく聞きます。また，**援助者自身も楽に身体が使えるようになる**ので，結果的に予防介助でも腰痛の発生を予防することができます。そればかりか，長期的な視点に立てば，利用者も動けるようになることが多いので，当然その分，介助負担は軽減していきます。

《体験してみよう》

　今から5分以上，全く動かずじっとしてください。身体は楽でしょうか？　苦しいでしょうか？　これが5時間ならどうでしょうか？　5日間なら？　寝たきりの人はこれを5年以上続けているかもしれません。楽になるために，ゴソゴソ動きたくなりませんか？

予防介助のデメリット

　予防介助は，安静介助よりも習得に時間がかかる側面があります。相手を単純に動かすだけなら，ある意味ロボットのように身体の構造だけを理解すればよいのですが，相手の動きを引き出すためには，相手の反応を尊重しながらかかわる必要があり，人間的な理解がより求められます。勘違いしている人も多いのですが，解剖学や構造だけを学習しても，人間の動きを理解することはできません。

　人間は思った以上に予想できない反応をしますし，失敗することもあるため，それらに寄り添いながら介助をします。相手の動きを待ちながら，本人に動いてもらえるように丁寧にサポートすることもありますし，あえて失敗を通して学習してもらうことも必要です。身体の構造は似ていても，人によって反応は全く違いますから，明確な答えが得られにくく，いろいろ試行錯誤してみる時間も必要です。介助にかかる時間も，単純に人を思いどおりに動かす介助よりも1.5〜3倍かかるかもしれません。ただし，長期的に見ると相手の緊張がほぐれ，自分で動きやすくなるので介助も簡単になり，時間も短くて済むこともあります。場合によっては，自分で動けるようになって介助する必要さえなくなることもあります。

　癖や習慣，身体の違いをとらえ「その人に合った介助」をする必要があります。教科書に書かれている身体の構造やテクニックをまる覚えして相手に当てはめるのではなく，柔軟に相手に合わせていく能力が必要です。

表：安静介助と予防介助のメリット・デメリット

	目的	メリット	デメリット
安静介助	とにかく安静に負担なく運搬したい。	介助される人は自分で動かなくて済む。 援助者の負担も少ない。 比較的手順が簡単で短時間で済む。	不自然な動きを覚えて努力的な動きになる。 介助されるたびに小さな緊張が蓄積しやすい（長期的には褥瘡や拘縮につながるリスクが増える）。 長期的には介護負担は高まりやすい。
予防介助	楽に動いてもらうことで重症化や廃用を予防したい。	介助を通して廃用や重症化を予防できる。 長期的には利用者が動けるので，援助者の負担は少なくなる。 短期的にも援助者は自然な動きを覚えることで，身体に負担がかかりにくい。	短期的には介助に少し時間がかかることもある。 人間的な理解をもとに丁寧な学習が必要。 安静時や緊急時には適さないこともある（ただし，予防的なポジショニングは安静時も必要）。

介助で大切なのは「目的が明確であること」

　冒頭でも述べたように，予防介助，安静介助，どちらの介助も必要です。ただ現場では，目的と手段がずれてしまっていることが非常に多いのです。安静にしてもらいたいのに動いてもらおうとしたり，逆に，廃用を予防したいのに安静介助を多用したりして機能を下げてしまっていることもあります。

　明らかに安静介助の技術なのに，予防介助のように紹介されていることも問題です。例えば，スライディングさせているのに人の自然な動きとして紹介されたり，機能が上がると解説されたりすることもあります。スライディングシートを使用することで，乱暴な介助による大きな廃用は予防できますが，ゴソゴソする機会を奪われ，不自然な動きにより緊張を高めるので身体も少しずつ固くなります。このような小さな廃用は，人間の構造上滑らすことによって確実に生まれます。1〜2回程度なら大きな問題にはなりませんが，小さな廃用が蓄積されると，やがて大きな廃用になるので注意が必要です。ちなみにスライディングシートを使った介助で，足だけ本人に押してもらっても，不自然で緊張を高める動きを覚えさせることになりますので，それは予防介助ではありません。また，「海外からの○○」「最新の○○」というワードに引っ張られて，これをすべての人に当てはめることが素晴らしいと思ってしまうことも珍しくありません。いつの間にか目的を忘れ「○○法」をすることや，それを広めること自体が目的になってしまっている場合が多々あります。目的よりも，その手段に固執してしまうのです。

　介助で大切なのは**「何のためにそうするのか」**ということです。「安静にしてもらうことをサポートしたい」のか，「重度化を予防するようなかかわりをしたい」のか，目的によって手段は変わります。例えば，全身やけどを負った人はまず安静が重要ですから，安静介助を中心に行いますが，やけどが回復しているのに安静介助をし続ければ，今度は廃用が悪化します。その時は予防介助を行い，少しずつ動けるように支援する必要があります。安静介

助か予防介助かと0か100かのように極端に考えなくても，回復状況により少しずつ予防的なかかわりを増やしてもよいでしょう。

　老人が老人を介護している老老介護の場合は，予防介助の技術を習得するのはなかなか難しいですから，機械やリフトという安静介助に頼りつつ，介助全体の負担を減らす方がよい場合もあります。

　逆に，施設などでは少しずつでも予防介助を導入することをお勧めします。入所を不安がられている人や家族に，「私たちは予防介助に力を入れています」と説明できれば安心するのではないでしょうか。家族は「離れていても元気に過ごしてほしい」という思いを持っていることが多いです。施設のサービスの質を上げるために，予防介助を教育することはとても大切なことだと思います。

　ただ，盲目的に予防介助を推進すればよいわけではありません。職員も状況もさまざまです。**腰痛を患っている職員がかかわる場合や業務にどうしても時間がとれない時は，安静介助を中心に行い，時間に余裕ができれば予防介助でかかわるなど使い分ける**とよいと思います。また，予防介助の技術を完璧に覚えてから行うのではなく，自分のできる範囲で少しずつ予防介助を取り入れ，介助の質を上げていくことをおすすめします。できないところは安静介助で補うのも一つです。体格がかけ離れている人を移乗するための技術に自信がない場合は，安静介助に頼って無理なくかかわることで乱暴な介助にならないようにする。ただ，ベッド上の支援やポジショニングでは予防介助を実践する。そんなふうに無理のない範囲で予防介助を進めていくとよいです。そうしながら自分にできることを広げていけばよいのです。**大切なのは，どちらが良い介助なのかを語ることではなく，多様な状況に合わせてよりよいかかわりを選択できることにあります。**ただ，安静介助を学ぶ機会は比較的多いですが，確立した予防介助を学ぶ機会がとても少ないのが現状です。だからこそバランスをとるために，予防介助を広げていく必要があります。

まとめ

①まずは自分のしたい介助を明確にしましょう。
②安静介助と予防介助のメリット・デメリットを理解しましょう。
③目的によって手段（介助方法）は変わります。

こちらの動画もチェック！

【予防介助】がこれからの介助を変える
https://youtu.be/qgrkleCHsr0

介助方法は何が正しいのか【自分がブレないために】
https://youtu.be/GJMocayuAv0

寝たきりの人の気持ちを知れば関わり方が変わります【廃用予防・介…
https://youtu.be/KKgkJFf-PNc

「予防介助」を広めたい！

かかわり方でその人の人生は大きく変わる

　介護現場では「安静介助」の考えに基づいた実践，つまり「相手を援助者の思いどおりに負担なく安静に動かす」技術が主流になっていると言えます。介助技術が全くない状態よりは，とても素晴らしいことだと思います。

　しかし，重度化を予防できる人なのに「安静介助」ばかりになることで，結局のところ廃用が進んでしまい，お亡くなりになるというケースを私は多く見てきました。とても悲しいことです。

　これからの時代は，介助することで重度化（もしくは要介護状態）を予防する「予防介助」も，「安静介助」と肩を並べるぐらい現場で主流になっていくことが重要だと私は考えています。なぜなら，「予防介助」の考えに基づいてかかわることで，元気に過ごせる人をたくさん見てきたからです。病院で拘束され，寝たきりでどうしようもない状態から，在宅で「予防介助」を実践することで，再び座れるようなった人もいます。歩けなかった人が，ベッド上でゴソゴソ動くことを支援するかかわりによって再び歩けるようになり，亡くなる寸前まで何とか自分で歩くことができて，在宅で過ごせた人もいます。きっと予防的にかかわらなければ，そうはなっていなかったでしょう。

　もちろん，いろいろな人がいるので，必ず同じ結果が出るわけではありません。しかし，少しでも予防的にかかわる取り組みを実践することで，相手は今よりも楽に，そして豊かに生きることにつながると思います。それを私たち専門職による介助の中で実践できるなら，素晴らしいことだと思いませんか？

今度は日本から世界にケアを発信しよう

　私は「予防介助」の専門家です。「予防介助」を介護・福祉や医療の現場に普及したいという思いで，日々セミナーなどの活動を積み重ねています。本書で説明している内容は，すべて「予防介助」に基づく考え方です。

　海外でも，この考え方は全然広がっていません。まだ動けるのに，少し身体が弱るだけで安易にエアマットを与えられることもあります。これまでは海外のケアが最新だと言われてきましたが，今度は日本から予防介助の輪を広げ，世界に発信していく番です。

　「予防介助」があるから，身体が弱っても安心して年を取り過ごすことができる。寝たきりにならずに再び動くことができる。寝たきりになっても楽に過ごすことができる。そんな文化をまず日本から広げ，ゆくゆくは世界へ発信していきたいと思います。ぜひ皆さんも一緒に学んでいただいて，その一員になっていただければうれしく思います。

第2章

予防介助の
コツを
習得しよう

【5】動けるようになる
寝返り介助

寝返りが上手になれば他の動きも良くなる

  Q 寝返りを上手に介助するコツを教えてください。

  A 従来のやり方では，介助する人が楽でも
利用者は動けなくなる可能性があります。
自分も利用者も楽になるコツを4つ紹介します。

　「寝返り」は人間にとって歩行や起き上がり，座位やハイハイなど，さまざまな動きのベースになると言っても過言ではありません。しかし現場では，人を丸太のように転がす介助方法が多く紹介されています。それでは，人は動けるようになりません。寝返りを支援することは，「他の動きを行うための土台づくりである」とも言えるぐらい重要なものです。

おすすめしない寝返り介助

　「相手に両腕を組んでもらい，両膝を立てることで軽く寝返り介助ができる」という方法（次ページ写真参照）を学校などで教えてもらうことも多いと思います。確かに，援助者は少ない力で介助できます。しかし，このような動きは人の自然な動きではありません。手を使うことを奪い，人を丸太のように転がす技術です（このような介助を私は「丸太介助」と呼んでいます）。

　両膝を立てることで，一見自然と寝返りができているように見えますが，これは膝のコントロールを失って脚が倒れているだけです。つまり，丸太や棒のように全身を固めながら転落させているとも言えます。**援助者は楽ですが，人はそのような動き方をしないので，当然ながら介助される本人の身体は少しずつ変な癖が染み込み，寝返りができなくなっていきます。**

　写真のような状態で寝返りをしてみるとわかるのですが，自分で行おうとすると，かなりしんどいです。このような方法は，あくまでも相手の身体を人形のように運搬する技術であり，自分で動くための介助ではありません。短期的には楽かもしれませんが，このような介助を続けていると，次第に相手の身体は動きにくくなり，援助者も身体がカチカチの人を介助するようになるため，**長期的には介助負担は増加します。**

もちろん乱暴に介助するよりは，写真のような介助の方が相手の負担は少ないので，緊急時や自分で動かせない状況なら有効だと思います。ただ，そうでない場合は，せっかくなら介助を通してお互いが楽に動ける方が素敵だと思います。

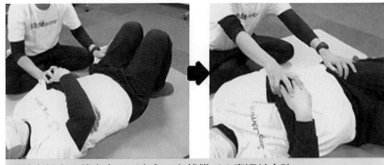

両腕を組んで膝を立ててもらった状態での寝返り介助

寝返り介助の4つのアップデート

①本人に自分の手足を使ってもらう

相手に手足を伸ばしてもらったり，床を足で押してもらったりしながら介助します。一つの例を紹介しますが，実際には拘縮などがある人もいますので，考え方を参考にしながら，相手がどうすれば楽に動けるかを探してください。

両膝は立てず，**寝返る方向の反対側の片膝を立てる**だけで十分です。そして，その足の裏で床を踏んでもらうことで，本人と一緒に寝返りを行うことができます。

また，寝返りする方向の足は伸びていることで自然とそこに体重が乗っていきますので，いきなり倒れることはないでしょう。

手はリラックスしていることが重要で，決まった位置はありません。本人が楽なところに置いてください。そこから寝返る方向に自然と手を伸ばしてもらいながら，同時に胸郭がついてくるようにアシストします。本人が手を伸ばしていけば，そこから寝返りを手伝います。その時，手だけを介助するのは難しい場合があります。その場合は，肋骨や肩などの動きも手伝いながら介助しましょう。

寝返る方向の反対側の片足を立てる

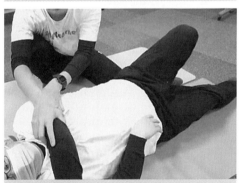

寝返る方向に自然と手を伸ばしてもらいながら，それをアシストする

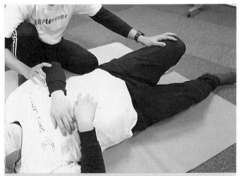

上半身と下半身を動かすタイミングをずらす（ねじれるように介助する）

②身体は自然とねじれるように介助する

　自然な寝返りで重要なことは，身体の中心がねじれることです。皆さんも実際に寝返りしてみると実感できると思いますが，ねじれないように寝返りするのは元気な人でも大変です。援助者が上半身と下半身を一度に転がす介助を現場でもよく見かけますが，丸太のように転がす介助は，寝たきりの人に大変な寝返りを教えているようなものです。このような介助を寝返る能力がない人に続けると，さらに動けなくなるのも当然です。

　ですので，介助する時に**上半身と下半身を動かすタイミングを少しずらして**ください。上半身を先に少し介助しながら，その流れで下半身を介助する。または，下半身を介助してから上半身を介助するというように，タイミングを少しずらすだけで自然とねじれが生じます。どちらが先がよいかは人によって異なるので，相手が心地よい方を選んでください。そんなに大きくねじらなくても大丈夫です。無理やりねじろうとしてもつらいだけです。あくまでも無理のない自然なねじれが大切です。

③ゆっくり少しずつ介助する

　寝返りの介助というと，なぜか一気にヨイショ！と援助者のペースで行っているのを現場で見るのですが，できるだけゆっくり介助することで，本人はその動きについていくことができます。

　特に重度の人は動くことが苦手なわけですから，早く動かされるとその動きについていけません。結果，無理に動かすことになるので，より緊張は高まり，身体を固めてしまいます。**できるだけ丁寧にゆっくり介助することで，相手は少しずつ寝返りという介助に参加してくれようとします。**これは，身体の無意識的な反応です。

　また，1回で側臥位にするのではなく，何度か行ったり来たりしながら馴染むように介助すると，その人は寝返りを学習しやすくなります。寝返りがその場でできなくても，緊張が減り，カチカチの身体が緩和されることで介助がしやすくなります。すべてに言えることですが，丁寧な介助は相手の緊張を緩和させ，乱暴な介助は相手の緊張を高めます。

④反対側を下げる

　寝返りの介助をするとなると，触れている方を持ち上げようとしますが，それはあまりよい考えではありません。重力の特性（P.39参照）により，その部位を真上に持ち上げようとすると地面に引っ張られるために重くなります。

　逆に，持ち上げる側の反対側を下げることで，重力は味方になり，自然と体は浮いてきます。シーソーのようなイメージを持ってもらうとわかりやすいかと思います。まず反対側を下げながら，目的とする部位が上がるように支援してみましょう。

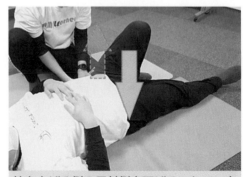

持ち上げる側の反対側を下げることで，自然と身体は浮いてくる

なぜ寝返り介助をアップデートする必要があるのか

　実は，寝返りをベースに，私たちはいろいろな動きを可能にしています。**楽に寝返りができるからこそ，楽な起き上がりや立ち上がり，歩行などにつながる**と言っても過言ではありません。これは赤ん坊も高齢者も本質的には同じです。

　毎日の丁寧な寝返りの支援を行うことで，寝返りが自分でできるようになるだけでなく，もしかしたら座れるようになるかもしれないし，歩けるようになる可能性も高まります。もちろんすぐに変わるわけではありませんし，すべての人が歩けるようにはならないでしょう。ただ，その人の機能向上の可能性が広がるベースが寝返り介助だということです。

　今より寝返ることができれば，褥瘡も減るかもしれませんし，起き上がりの介助もお互いが楽になるかもしれません。少しでも楽に動ける場面が増えると，その人の人生は今よりも確実に楽になります。そう考えると，寝返り介助をアップデートする意味はあると思いませんか？

　すべてを完璧に実践する必要はありません。今回紹介した中の一つでもよいです。無理せず，自分ができることを取り入れて実践していきましょう。

※正確に言うと，寝返りよりも前にゴソゴソすることが重要です。

　ポジショニングで楽に寝てもらい，そこからゴソゴソした動きを積み重ねると，寝返りはスムーズになるでしょう。動きはつながっています。

こちらの動画もチェック！

人を元気にする介助法
寝返り介助の
アップデート
7:52

寝返り介助をアップデートする【介助をすることでより元気に】
https://youtu.be/WUkp-vLkqJw

まとめ

①「丸太介助」は「丸太人間」を作ってしまいます。
②寝返り介助の４つのアップデートをできる範囲で取り入れましょう。
③寝返り介助を丁寧に実施することで，相手の人生が広がるかもしれません。

【6】ベッド上での上方（頭側） 移動介助

身体を分割して介助する！

Q ベッド上で上方（頭側）に移動させる時の
介助のコツを教えてください。

A 小さな動きを積み重ねることで介助が楽になり，
介助される人も動けるようになります。

　ベッドの下方（足側）にズレて下がっている人に対して，上方（頭側）に
移動させる介助法はいろいろありますが，大変だと思う大半の理由は，「一度
の介助で身体全体を動かそうとするから」です。

　小さな動きを積み重ねることで，介助される人の自然な動きを手伝うこと
ができます。そのような介助を積み重ねることで自分で動けるようになった
り，緊張が減るため介助がしやすくなったりします。さらに，褥瘡の予防に
も必須の介助法です。せっかく介助するなら，お互いが楽になれるwin-win
の介助を目指しましょう。

ベッドはフラットにする

　重度や寝たきりの人は，ギャッジアップベッド（P.131参照）に寝ている人が大半で，背
もたれや足に角度をつけられている人が多いのですが，足方向にズレて下がっているからと
いって，その状態のまま上方（頭側）に移動させようとしないでください。それは，凸凹道
や坂道で動けない人を支援しようとするのと同じことです。

　ベッド上で頭方向に移動させる際は，前提として，**ベッドはフラットにしておく**ことが必
要です。

ひとかたまりで一気に動かす介助をやめる

　多くの援助者が行いがちなのは，身体をひとかたまりにして一気に運ぶというやり方で
す。これは体重を一度に動かすことになるので，重くて当然です。

　手足を折りたたみ，頭を浮かすことで背中を丸くして，接触面積を減らすやり方もありま
す。場合によっては，滑りのよいシートを下に敷くやり方もあります。

　しかし，介助される人にとっては，一気に運ばれる体験を積み重ねると，**接触していると**

ころの負担が強くなりますし，無理な動きなので身体の緊張が高まります。仮に上手くできたように見えても，滑らされるという不自然な動きに加え，一度に大きく早く動かすという現状の本人の能力ではできないことをするので，本人の身体はますます固くなります。援助者が楽になるための目的で，その場をしのぐだけなら有効かもしれませんが，介助される人の負担を考えると小さな廃用は積

ひとかたまりで一気に動かす介助をやめよう

み重なっていくので，長期的に行うことはおすすめしません。身体は見えない範囲で確実に少しずつ固くなり，動けなくなっていくので，次第に介助が行いにくくなります。できることなら，お互いが楽になるwin-winの介助を目指していきたいと思います。

人の自然な動きを手伝う（身体を分割して介助する）

　人をひとかたまりで一気に動かすことが上手にできても，介助される人にとって，それは自然な動きではありません。**私たちは自分で身体を動かす際，無意識に身体を分割して負担を減らしながら動いています**。ですので，介助する際も，相手の身体を分割して動きを手伝いましょう。そのようなかかわりを続けることにより，介助される人が本来の人の自然な動きを思い出し，ベッド上で今よりゴソゴソ動けるようになるのです。

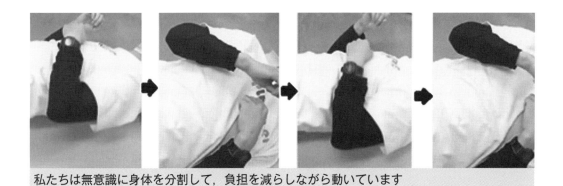

私たちは無意識に身体を分割して，負担を減らしながら動いています

　逆に，**援助者がひとかたまりで一気に動かすことを続けていれば，ベッド上の人は本来の自然な動きを忘れ，身体は「ひとかたまりの人間」として学習してしまいます**。当然まともには動けなくなるので，長期的に見れば，ますます身体が固くなり，さらに介助が大変になってくるでしょう。

　身体の中で特に重いパーツは，「胸郭」と「骨盤」です。手足や頭は比較的扱いやすいと思いますので，ここでは，この胸郭と骨盤の扱い方を中心に紹介します。

　胸郭と骨盤を分割しただけでも，同時に動かすよりはかなり楽なのですが，さらにそれら

を左右に2分割して計4つのパーツに分けて扱います。

　単純に考えると，身体の重さは4分の1になります。全部一度に動かすよりも，分けて動かす方が負担なく，よほど理にかなっていると思いませんか？

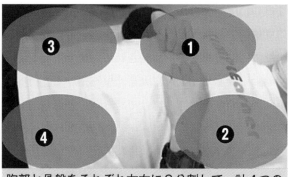

胸郭と骨盤をそれぞれ左右に2分割して，計4つのパーツとして扱う

小さい動きを積み重ねる

　身体を分割して動かす場合は，一度に大きくは動きません。**一つのパーツごとに少しずつ動かし，それを積み重ねながら介助**していきます。一度にひとかたまりを動かす介助と比べると多少の時間がかかりますが，慣れてくると平均2〜3分もあれば可能です。もちろん例外として，もっと時間かかる人もいれば，1分ぐらいでできる人もいます。慣れてくれば，思ったほど時間がかかるものではありません。

手足の位置について

　手を前で組むと，身体を固めてしまう人が多いので自由にしておきます。身体を固めていなければ，好きな位置で大丈夫です。

　両膝は立ててもらう方が一緒に参加してくれる場合が多いので，介助が行いやすくなります。膝と膝の間には適度に隙間を開けてください。くっつけると両足が一つの足として固まって動くので，上手に足を使うことができなくなります。ただし，これらはあくまで理想であり，拘縮などにより膝を曲げることができなければ，どんな形でもよいので，本人がリラックスした状態で始めましょう。

具体的な実践法

胸郭を動かす

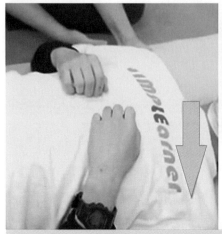 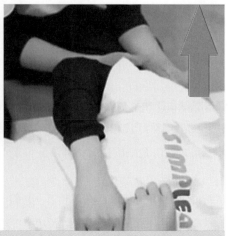

上方に動かしたい胸郭の反対側を下げることで，動かしたい胸郭側が浮いてきます

まず片側の胸郭を動かします。動かす時のポイントは，目的としている胸郭を「持ち上げる」というより「反対側の胸郭を下げる」というイメージで動かします。すると，目的としている胸郭が少し浮いてきますので，そうしたら，その部分のみ上方（頭側）に少し移動させていきます。それができれば，反対側の胸郭も同じように行います。動きが小さいからと焦る必要はありません。少し動いたのなら繰り返せばよいだけです。少しずつ丁寧に積み重ねてください。

骨盤を動かす

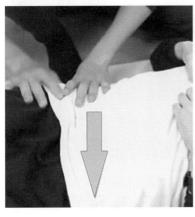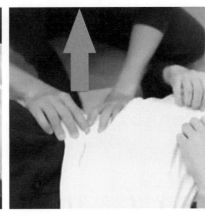

上方に動かしたい骨盤の反対側を下げることで，動かしたい骨盤側が浮いてきます

次に，胸郭と同じ要領で骨盤の動きを手伝います。目的としている側の骨盤を上げるのではなく，「反対側の骨盤を下げる」ことによって目的としている骨盤が少し浮けば，上方（頭側）にその部分のみ移動します。逆側の骨盤も同じように繰り返していきます。

動きを手伝う順序

左右の胸郭と左右の骨盤という具合に，4つに分割して動きを手伝うということが理解できれば，決まった順序はありません。先に骨盤を動かしてから胸郭を動かしてもよいですし，骨盤の左側を動かして，そのあと胸郭の左側，骨盤の右側，胸郭の右側という順序で動かしてもよいです。自分や相手がやりやすい順序で行ってください。慣れてくれば，特に順序を意識する必要もありません。動きにくそうなところを重点的に小さく何度も動かしてから，他の場所を動かすことでもよいです。とにかく少しずつ無理なく身体が部分的に動けばOKです。小さい動きでゴソゴソして，頭方向に上がることを手伝いましょう。

動きのつながりの中で支援する

人の動きはつながっています。「今しているかかわり」が未来の相手の身体の動きやすさにつながります。ここで紹介した胸郭や骨盤を動かすことや，ゴソゴソ動くことを丁寧に支援する介助で，介助される人も動きやすくなり，介助がより楽になることも珍しくありません。また，ここでは上方移動の支援を紹介しましたが，それは寝返りや起き上がりのベースになる動きでもあります。つまり，**寝てゴソゴソすることで本人は寝返りできたり，もしかしたら起き上がりにつながったりする可能性が広がる**のです。

介助する前の寝ている状態も大切です。ゴソゴソと動くことを支援する前に，ポジショニング（P.108参照）を適切に行っているかどうかでも，介助の行いやすさは大きく変わります。介助する前から適切なポジショニングができていれば，ベッド上の人も余分な緊張が抜けるので，「ゴソゴソ介助」はやりやすくなります（P.47参照）。ぜひ，介助前のポジショニングも一緒に実践してみてください。

まとめ

①一度の介助で大きく身体を動かすのは，人間の自然な動きではありません。
②「小さな動きを繰り返す」ゴソゴソ介助で，援助者も介助される人も楽になります。
③日々の介助の積み重ねが，未来の動きに大きな影響を及ぼします。
④ポジショニングも並行して実施しましょう。介助のしやすさが格段に変わります。

こちらの動画もチェック！

【動けるようになる介助法】寝ている人の頭方向（上方向）の介助
https://youtu.be/A9_PtZl4Vko

ゴソゴソ介助をしませんか？スライディングシート・スライディング…
https://youtu.be/wqRcqQ5FRWA

ギャッジアップベッドの問題点と本当の使い方（ギャッチアップベッ…
https://youtu.be/fuxDv5EO5hU

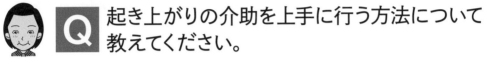

【7】重力を利用した
起き上がり介助
その人に合った起き上がり方を見つけよう

Q 起き上がりの介助を上手に行う方法について
教えてください。

A 起き上がり介助のコツは,
「重力」を味方につけることです。

　起き上がり介助は, コツをつかんでしまえば, 難しいものではありません。ここでは, 重力を利用した介助法をお伝えします。重力を利用することで, 介助される本人も少ない力で起き上がることが可能になります。

そもそも「起き上がり」って何?

　実は「起き上がり方」に決まった方法は存在しません。「起き上がり」とはいうものの, 本質は**寝ている状態から座るための移行動作**です。具体的に言うと, 寝ている状態から骨盤の上に上半身を積み重ねていく行為と言ってよいでしょう。

　よく考えると, みんないろいろな起き上がり方をしています。まっすぐ起き上がる人もいれば, 少し傾いて起き上がる人, うつ伏せのような姿勢を経由して起き上がる人など実にさまざまです。それらが間違えているわけではなく, むしろ起き上がり方を一つに制限してしまうことで, 人間の多様な動きを否定してしまうことが問題だと言えるでしょう。

　ですから, やり方そのものに固執するよりも, **その人に合わせて上半身をいかに楽に積み上げていくかに注力する**ことがポイントです。どんなに正しく起き上がりをしても, それがその人にとって苦しいものであれば意味がないのです。逆に, その人なりに楽に起き上がることができれば, その人にとってそれが正解だと言えます。

　「正しい起き上がりの型」というものは存在しませんので, 正しさにこだわるよりも, いろいろな起き上がり方を楽にできた方が有利です。例えば, 腰を痛めている時は, 腰を動かさないようにしながら股関節を上手に使って動く必要がありますし, 寝坊して1秒でも早く起きなければいけない時は, 直線的にガバッと全身で起き上がる必要があります。

　起き上がりだけでなく, すべての動きに共通するルールですが, 自分の身体が「楽に動ける」ことが正解であり, それには個人差もあり, 状況によって何が適切かは変わるものです。

　しかし「自由でいいよ」と言われても, どうすればよいのか困ってしまうのも事実ですか

ら，ここでは起き上がり介助に欠かせない「重力」について先に解説し，その後，重力を上手に使った2種類の「起き上がり介助」を解説します。これらの理解が，目の前の人に合った介助方法を見つけるための基準になります。基準を理解することで，その人に合った「起き上がり介助」ができるようになります。後述する2種類の「起き上がり介助」を参考にしつつ，目の前の人にとって楽な起き上がりを見つけてください。

「起き上がり」に欠かせない重力の特性

重力とは「真下方向にかかるまっすぐの安定した力」です。簡単に説明すると，地球の質量が大きいため，人を地球の中心に引きつけようとする力が働きます。それを「重力」と呼んでいます。地球上で生活する私たちは，常に重力の影響を受けています。

この重力の影響の受け方は，個人によって異なります。重力と仲良く協調することで楽に動ける人もいれば，重力とケンカをすることで身体を固めて，まともに動けない人もいます。その違いは一体何でしょうか？

それは**「最初に動く方向」によって決まる**のです。例えば，いすから立ち上がる時に，重力とケンカをしている人は，「最初に上方向」に動こうとします。そうなると，重力に抵抗しながら立ち上がることになり，明らかに無駄な力を使って動くことになります。

楽に立ち上がるためには，「最初に下方向」から動きます。下方向に動くことによって，重力と協調して動くことが可能になります。なぜそのようなことが可能になるのか，それは私たちの身体の構造が重力と適応するようにできているからです。

私たちの身体の構造を簡単に説明すると，筋肉や靭帯や腱といった弾力のあるものの中に骨という固い芯が入っており，固いものを中心に，周りに弾力のあるものがくっついています（右図参照）。

つまり，**動き始めに「下方向」に動いて弾むことで，重力の力を効率的に「上方向」に変換することができ**ます。

「動き始めは下方向から」，これは「立ち上がり」だけ

重力とケンカして介助している様子

←介助者・本人の力

重力→

身体の構造
（哺乳類）

皮膚

肉
（軟部組織）
（弾力がある）

骨
（固い）

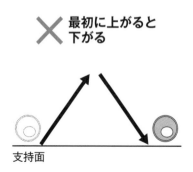

✕ 最初に上がると
下がる

支持面

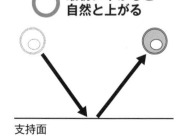

○ 最初に下がると
自然と上がる

支持面

ではなく，すべての動きに共通した法則です。もちろん「起き上がり」もこの法則が当てはまります。

> 《体験してみよう》
> 　今座っている人は「立ちあがろうと」してください。今立っている人は「ジャンプ」しようとしてみてください。最初に自然に動く方向はどちらですか？　「下方向」ではないでしょうか？

　私たちは重力との自然な付き合い方を，子どものころに無意識に学習しています。だから高く上にジャンプしようとすればするほど，当たり前のように自然と深く下に下がろうとします。逆に，いきなり上にジャンプしようとすればするほど地球の重力に引っ張られ，高く飛ぶことができません。寝ている状態から起き上がる時にも，**動き始めは下方向**なのです。

「持ち上げる介助」はダメなのか？

　最近よく「持ち上げない介助が素晴らしい」などと叫ばれることがありますが，これは正確な言い方ではありません（私も便宜的に使うことはありますが）。物理的に考えて，空間の上方向に移動する時は**「位置エネルギー」**が必要になります。これは「地球上で物体が上方向に行くには，必ず何らかの力が必要だ」ということです。全く持ち上げないのであれば，当然「位置エネルギー」は発生しないので，空間の上に移動することはできません。例えば，いすに座っている人が立ち上がるには，この「位置エネルギー」を必要とします。

　重力の特性を深く理解すれば，身体を持ち上げてはいけないのではなく，「いかに重力を使って効率的に持ち上げるか」という発想に変わります。**重力を使うことで身体の負荷を減らし，楽に身体を持ち上げるのが本来の自然な動き**です。動くための負担を主に重力が担ってくれるので，身体は楽に動きます。「全く持ち上げない」というように誤解すると，ゾンビのようにだらんと動くか，転がるしか方法がなくなります。それでも，実際には位置エネルギーは必要になります。実際は重力が自分の代わりに身体を持ち上げてくれるので，自分の筋力はあまり使わなくて済みます。だから人は楽に動くことが可能になります。

　「重力と仲良くする」というのは，重力に抵抗することでもなく，重力に逆らわないことでもありません。重力と協調することによって，その結果，自分の力を最小にして，楽に身体を持ち上げることを言います。「抗重力」といった言葉がありますが，そもそも「重力に抵抗する」という発想はやめた方がよいのです。「重力に逆らわずに動く」と思い込んで持ち上げようとしても，まともには動けません。「重力の特性を利用して，楽に身体を持ち上げる」のが，本当の「地球上で人が動く原理」です。本質的に重力と人との関係性は，「抗重力」ではなく重力と共に動く「協重力」なのです。

「重力」を利用した起き上がり介助

　ここからは，重力を利用した2種類の起き上がり介助について解説します。

【方法1】仰向けからそのまま起き上がる

　仰向けに寝ている人を，そのまままっすぐに起こす介助方法です。言い換えると，骨盤の上に上半身をまっすぐ乗せていくプロセスです。ここで大切なポイントは，最初から上方向に持ち上げないということです。先ほどの重力の特性で説明したとおり，重力を利用しながら上方向に持ち上げるわけですから，最初に動く方向はやはり下なのです。

　とは言え，上半身すべてを下から上方向に起こすのは大変です。そのため，身体を分けて扱います。仰向けから起き上がるためには，まず頭が起きなければなりません。頭を上手に持ち上げるためには，首の根本や胸郭が下がる必要があります。つまり，**頭を上げようとするのではなく，まず胸郭を下げることで，その力を使って頭を上げます**。上手くいくと，非常に楽に持ち上げることができます。

　次に，頭が上がれば，その流れの中で胸郭を上げることを考えます。胸郭を上げるためには，その奥にある骨盤が下がる必要があります。**骨盤を下げる力を使って，胸郭を楽に持ち上げることができます**。頭と胸郭が持ち上がったら，自然と起き上がっていると思います。

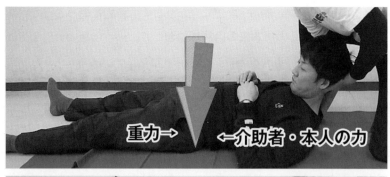

これを途切れることなく一連の動作で行えるようになれば，非常に楽に起き上がりができるようになります。また，重力を使うことで，介助されている人も重力との関係を思い出し，自分で身体を上手に持ち上げることができる可能性が高まります。

【方法2】横向きになって起き上がる

仰向けから，横向きになって起き上がる方法です。重力の特性を利用することは基本的に同じですが，最初に下がる場所が変わってきます。

横向きになることで，今度は下側の手足の方に体重がかかるようになります。つまり，上半身であれば**肘が床に下がることで，重力を使って頭や胸郭が楽に上がってきます。**続けて，**床に接触している大腿部の側面，もしくは臀部が下がることで，さらに上半身を起こすアシストをします。**つまり，横方向に転がりながら起き上がる動きは，腕を下に押し下げてから，上半身が浮いてきたら続けざまに床に近い方の大腿部を下げることで，身体を楽に持ち上げることができます。

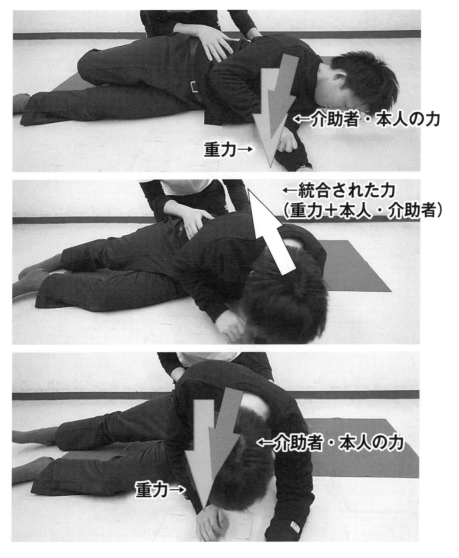

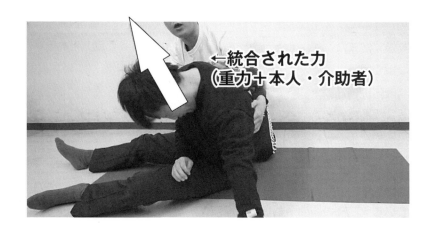

←統合された力
（重力＋本人・介助者）

手の位置について

　この際，手足の位置が重要になってきます。手の適切な位置は，上半身がどのように動きたいかによって決まります。丸まって起き上がりたい人は，丸まりやすい方向に手を置きます。つまり，手を身体の胴体より足側の方に角度をつけます。

　逆に，背中を反らして起き上がりたい人は，頭の方向に手を伸ばすことで起き上がりやすくなります。

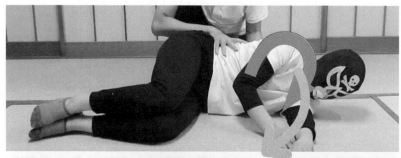

丸まって起き上がる時の手の位置

反って起き上がる時の手の位置

足の位置について

　足は手に比べるとわかりやすいと思います。**横向きの時，下側の足がまっすぐ伸びていると，ほとんどの人は起き上がりにくくなります。**あまりにまっすぐ過ぎると下側の足が丸太のように転がり，下側の大腿部で床を押すことが難しくなります。そのため，起き上がる時は下側の足を軽く曲げて，下側の大腿部が転がり過ぎない状況をつくる必要があります。

　仮に下側の大腿部が伸びていても起き上がりはできますが，その分，上半身の動きが求め

られ，かなり難しい動きになります。下側の足は，曲がるなら軽く曲げておく方が無難です。ただし，無理に曲げることは緊張を高めるのでおすすめしません。あくまでもリラックスした範囲にとどめてください。

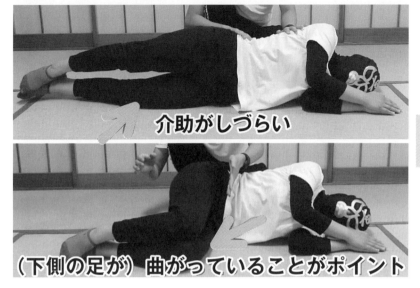

介助がしづらい

下側の足が伸びている時と曲がっている時の違い

（下側の足が）曲がっていることがポイント

　まれに，下記の写真のように下側の足が伸びきって，上側が曲がっている状態で起こそうとすると，起き上がりがとても難しくなります。慣れていない人ほど，この形での起き上がり介助は行わない方が無難でしょう。

ベッドで起き上がる時の留意点

　ベッドで起き上がる時は，床の時よりも少し注意が必要で，**腕がしっかり置けるスペースが必要**になります。

　横向きになった時にベッドの端すれすれであれば，手を前方に伸ばしても押すことができないので，手を十分に使うことができません。手が置ける十分な空間が必要です。そのため，起き上がる前にあらかじめ上半身を水平に移動してから空間を設ける必要があります。または，ベッドと同じ高さのいすを使うことで補うことも可能です。

　足は大腿部がベッドを押すことができれば問題ないので，軽く曲げておけばそこまで気にしなくてもよいです。

手が使えない　　　　　　スペースをつくる　　　　いすを置くことで空間をつくる

２種類の起き上がり動作を組み合わせる

　ここまで２種類の「起き上がり」について説明しました。この２種類の「起き上がり」は，実は両極端な方法とも言えます。極端にまっすぐ起き上がる方法と，極端に横向きになって，手足を使って起き上がる方法とも言えます。もちろん，これで相手が楽なら問題ありませんが，関節の変形や拘縮が強い人の場合，同じようにすることは難しいかもしれません。その場合は，この２種類の方法の「中間」でも構いません。例えば，少しだけ横に傾いてもらって起き上がっても構いません。必ず直線的にまっすぐ起き上がる必要はないのです。その際，横に傾いた方の手や肘が使えるなら，少しだけ手が下がるようにすれば，やりやすいかもしれません。逆に，横向きからの起き上がりをしようとして，十分に手足を曲げることができなくても，その分，骨盤やお尻を下げるようにして，上半身を楽に持ち上げても構いません。拘縮や関節の変形が大きい人ほど，このような応用が必要になります。

　最初に戻りますが，起き上がりは骨盤の上に上半身を乗せる行為です。それが楽にできるのであれば，何でもよいのです。重力を味方につけることと，２種類の起き上がり方法を参考にして，その人に合った起き上がり方を見つけましょう。

こちらの動画もチェック！

秘伝!! 重力を制す 介助法 13:49
重力は敵ではない！？【重力を味方にする介助とは？】
https://youtu.be/LLYJSJ3lxbM

意外に知られていない！？ 起き上がり 介助 3つのポイント 4:45
【カンタンだけど超重要！！】起き上がり介助の３つのポイント【介…
https://youtu.be/60z5wRfcPws

まとめ

①最初に下方向に動くことで，重力を味方につけましょう。
②身体や状況に合わせて，２種類の起き上がりを組み合わせましょう。
③その人にとって，楽な起き上がり方を見つけましょう。

「ゴソゴソ」を支援することの重要性

　本書では随所に，利用者本人がベッド上などで「ゴソゴソ」動くことを推奨しています。それは，人の健康にとって「ゴソゴソ」動くことがとても重要だからです。「ゴソゴソ」動くことができないと，人は寿命を大きく縮めると言っても過言ではありません。

人は「ゴソゴソ」することで動けるようになっている

　私たちはなぜ簡単に寝返りや起き上がりができたり，いすからスムーズに立ち上がったりできるのでしょうか？　私たちが赤ん坊の頃に専門家が来て，「ここに手をついて」「この方法で寝返りをしましょう」と指導されたでしょうか？　「いすからの立ち上がりを10回練習して覚えましょう」なんてことをしましたか？

　驚くべき事実ですが，世界中の何十億もの人が誰も具体的なやり方を教えてもらって動けるようになったわけではありません。その証拠に，誰でもよいので「どのようにして歩いていますか？」と聞いてみてください。明確に答えられる人はほぼいないはずです。にもかかわらず，人は自然と立ち，歩き，社会生活を送っています。

　私たちは「動き方」という型を覚えて動けるようになったというわけではありません。では，どのようにして覚えたのでしょう？　その答えが，とにかく「ゴソゴソ」することなのです。寝て「ゴソゴソ」動いているうちに自然と寝返りを覚え，さらに「ゴソゴソ」動いているうちに起き上がる。立つ時も座って「ゴソゴソ」しているうちに，自然と立ち上がりにつながる。発達の本質は「ゴソゴソ」の積み重ねなのです。

　そう考えると，人が動けるようになるために再び「ゴソゴソ」を繰り返す必要があります。逆に「ゴソゴソ」を日常的に繰り返すことで，寝たきりや要介護状態を予防することにもなります。援助者は「ゴソゴソ」を支援することで，その人の能力を引き出すことにつながり，長期的に見て介助の負担も軽減されていきます。

人は「ゴソゴソ」することで健康を保っている

　私たちは寝ている時でさえ寝返りをして，常にゴソゴソ動いています。人は，完全に動きが止まっている瞬間はありません。私たちは無意識のうちに「ゴソゴソ」することで健康を維持しているのです。

　例えば，私たちに褥瘡ができないのは，やはり「ゴソゴソ」しているからです。褥瘡の要因は平たく言うと血流障害です。一定の部位だけに圧がかかり，そこに血が流れず組織が腐っていく。それを褥瘡と呼んでいます。私たちは「ゴソゴソ」することで一定の圧がかかり続けることを予防し，全身の筋肉のポンプ作用を働かせることで血液の循環をより促進し

ています。だから普通に生活していても褥瘡ができないのです。また，血液を循環させることで組織の隅々まで栄養を行き渡らせますが，「ゴソゴソ」できないと栄養が各部位に届かなくなります。手足も冷たくなり，冷え性になります。

　また，寝たきりの人は肺炎にかかりやすいのですが，それも「ゴソゴソ」していないことが理由である場合が多いです。誤嚥性肺炎と誤解されやすいのですが，沈下性肺炎は寝たきりの人に多く見られる症状です。沈下性肺炎とは，肺の中の体液に雑菌が繁殖することで起こる肺炎です。「ゴソゴソ」していないと，ずっと同じところに液体が溜まり続けます。言わば放置している濁った溜池状態です。動かないから体液が循環せず，水は溜まり続けて濁ります。それが肺炎になるのです。

　ほかにも消化や呼吸など例を挙げればキリがありませんが，私たちが普段生活をして褥瘡ができないのも，肺炎が起こらない（ウイルス性は別）のも生活の中で「ゴソゴソ」しているからにほかなりません。いくら健康な人でもベッドから1mmも動けないのであれば，あっという間に褥瘡ができ，身体はみるみるうちに衰弱するのは想像に難くないと思います。人は「ゴソゴソ」できるからこそ元気なのです。これも重要な事実です。健康を支援するためにも「ゴソゴソ」は必須です。

人は「ゴソゴソ」するから快適である

　想像していただきたいのですが，あなたが映画館やリビングなどで映画を鑑賞する場合，なぜ2時間以上も快適に座ることができるのでしょうか？　映画が終わるまでの2時間，微動だにせずに鑑賞することはできますか？　大変苦しいと思います。映画館でどのように座っているか思い出してください。かなりの頻度で動いていますよね。お尻をモゾモゾ動かして，肘置きにもたれかかり，時に座り直したりすることで長時間，ある程度快適に座ることを可能にしています。

　ベッドで寝ている時も同じで，全く「ゴソゴソ」できないとかなり苦しいのです。それが一日中続けばどうでしょう？　これから死ぬまで何年もその苦しみが続く人生を送ることはできますか？　身体が苦しいだけで，人生そのものが苦しくなります。それを「ゴソゴソ」することで楽になり，苦しみから解放されれば，非常に大きな意味があるのではないでしょうか？

「ゴソゴソ」することが生きること

　私たちの人生は「動きの連続」です。生まれてから死ぬまで「ゴソゴソ」と動き続けています。私たちは「ゴソゴソ」できるから動けるようになり，健康を維持し，さらに快適に過ごすことができているのです。

　身体をひとかたまりにして一度に動かす介助は，その貴重な機会を奪っているとも言えます。それは非常にもったいないことです。皆さんもぜひ「ゴソゴソ」することを活かした介助方法を覚えませんか？　それは「人が生きること」そのものを支援していると言っても過言ではありません。

こちらの動画もチェック！

寝ている人の頭方向への介助と
それがめちゃくちゃ重要な理由
14:15

【動けるようになる介助法】寝てい
る人の頭方向（上方向）の介助

https://youtu.be/A9_PtZl4Vko

座り直し介助
誰も知らない重要性
8:28

【立ち上がりや歩行】につながる
【座り直し介助】

https://youtu.be/B4EoQwxQHes

スライディング介助
問題点と改善法
12:48

ゴソゴソ介助をしませんか？スライ
ディングシート・スライディング…

https://youtu.be/wqRcqQ5FRWA

楽に座る
支援と考え方
まっすぐが正しいわけではない！？
長時間座るために…！？
16:36

プロでも誤解しやすい座位の支援
【生活支援・リハビリ・ポジショ…

https://youtu.be/CM5g6S3-4YM

【8】ベッドからいすへの 移乗介助

お尻が1cm浮けば移乗動作はできる

 Q ベッドからいすへ楽に移乗する方法を教えてください。

 A 人の自然な動きを引き出す移乗介助の方法をお伝えします。

　移乗介助の本質は,「いかにお尻を楽に浮かせて目的地のいすに乗せるか」という行為です。立ち上がり動作の応用と言ってもよいかもしれませんが,立ち上がり動作よりも手に依存している割合が大きく,足の位置はもちろんのこと,手の位置も重要になるのが移乗介助です。人の自然な動きを引き出す効率のよい移乗方法から,移乗が行いやすい環境調整まで幅広く解説します。
※「立ち上がり」の項目も参考にすると理解が深まります（P.61）。

おすすめしない移乗方法⇒「移乗したい方向に手を置く」

　ベッドからいすへの移乗で**一番多い間違いが,「移乗したい方向に手を置くこと」**です。

　これは,プロの指導者でも実施していたり,YouTubeなどで教えていたりするのを見かけますが,実は人の身体の仕組みと矛盾したやり方なのです。

【理由1】お尻が移乗したい方向と反対方向を向く

　移乗の際,いすに手を置くと,体は自然とねじる動きになります。移乗したいいすに手を置いてしまうと,お尻は移乗したい方向とは反対の方向を向くのが自然です。

　つまり,移乗したい方向に手を置くことで,「移乗したいいすの反対側にお尻が行きそうになるのを無理

ここに移乗したいのに手を置きがち

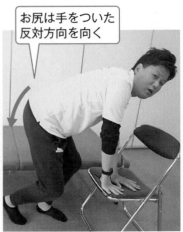

お尻は手をついた反対方向を向く

やり抑制し，お尻をいすに近づける」ということをやっているので，とても非効率で努力的な動きになりやすいのです。

【理由2】手が邪魔で座りにくい

移乗したいいすに手を置くことで，手が座ることを邪魔して，目的の場所にお尻を置きにくくなります。わざわざ手を座面から移動させて，お尻が座るスペースをつくる必要があります。それだけ工程が複雑になりますし，手を移動させるためのバランス能力も必要になりま

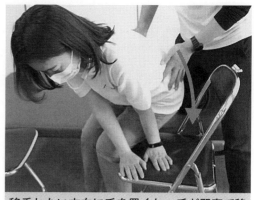

移乗したい方向に手を置くと，手が邪魔で移乗がやりにくくなる

す。このように本人も努力的になり，場合によっては倒れ込むようにいすに座ったり，もたれかかるようにいすに斜めに座ったりしてしまいます。

立ち上がる時に手を背もたれなどに置けばいいじゃないかと思われるかもしれませんが，背もたれでは手の位置が高すぎて，無理やり身体を持ち上げることになるのでおすすめできません。手を置く位置は，座面と同じ高さか，少しだけ高いぐらいが適切です。

＊　＊　＊

このように，**移乗したい方向に手を置いて移乗することは，実はとても無理がある非効率な動きをしている**のです。もちろん力が強く，バランス能力も高い人であればこのような矛盾した動きでも余裕で対処できるかもしれません。しかし，力がない人やバランスが保てない人ほど矛盾した動きで移乗することは，さらに負荷を強めることになります。

おすすめの移乗方法⇒「移乗したい方向と逆の位置に手を置く」

移乗したい方向に手を置くことがおすすめしない移乗方法だと解説しましたが，おすすめの移乗方法は，これとは全く真逆の方法になります。つまり「**移乗したい方向と逆の位置に手を置く**」ということです。どういうことか先ほどの矛盾点を踏まえて解説します。

【理由1】お尻が移乗したい方向を向く

先ほど「移乗したい方向に手を置くことでお尻が反対方向を向くため，それを抑制しながらお尻をいすに持っていくから非効率な動きになる」と述べました。よく考えると，そもそも抑制する必要なんてありません。手と反対方向にお尻が動くのが自然な動きなら，移乗したい方向と反対の方向に手を置けばよいということです。そうすることで自然と体はねじれて，移乗したいいすに座ることが楽にできます。

例えば，ベッドに座っている状態で，右方向のいすに移乗したい場合は，左方向に手を置くことで「上半身が左にねじれる」という状態になります。そうすると自然とお尻（下半身）は右方向に動き出します。そこにいすがあると，とても自然な移乗になります。

【理由2】手が邪魔にならず座りやすい

移乗したい方向と反対の方向に手を置くということは，移乗したいいすの座面に手を置く

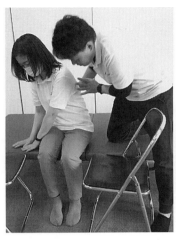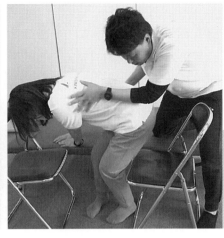

移乗したい方向と反対の方向に手を置くことで，自然と身体はねじれて移乗したいいすに座ることが楽にできる

必要がなくなるということです。当然ですが，そこに手はないので，わざわざ手を座面から移動させる必要はありません。「最初から邪魔する位置に手を置かない」ということは当たり前のことですが，意外とできていないことが多いようです。

より効率よく移乗するために

　移乗動作は立ち上がり動作の途中のようなもので，お尻を座面から浮かせるためには足への体重の乗せ方がとても重要です。**足に体重がしっかり乗るから，お尻を浮かせることが可能になります**。足の位置も矛盾がない場所に置くことで，より楽で効率のよい動きになります。まずは，移乗する際の手足の位置について解説します。

自然な身体のねじれに合わせた手足の位置

　まず確認しておきたいのが，足の位置は必ずしも対称である必要はないということです。むしろ，身体がねじれるには足の位置は左右で非対称の方が自然です。「足をまっすぐにそろえなければならない」という発想は捨てましょう。

　大切なのは，**身体のねじれに合わせて行きたい方向に手足を近づける**ことです。介助される人が右側にねじれるのであれば，最初に身体を右に傾ける必要があります。傾いた右半身を右側で支える必要があるので，右手，右足を身体に近づける必要があります。そうすることで自然と上半身から右側にねじれていき，その結果，お尻は逆の方向に移動します（自分で試してみるとわかりやすいです）。左側の手足は身体に近づける必要はありません。リラックスして，動作がしやすいところを見つけてください。右側にねじれる場合は，主に体重が乗る右足が軸となり，左足は補助足的な役割を果たします。

　麻痺がある場合は，よく動く方を軸にすることをおすすめします。この例では右手足が軸になります。もちろん状態によっては，このような形が取れない場合も多いと思います。その時は，次に紹介する小さなステップの移乗を行うことも可能です。

小さなステップの移乗介助を積み重ねる

　移乗動作というと，ベッドからいす，いすからいすなどに一度に移すことだと思われることが多いかもしれませんが，必ずしも一度に大きく動かす必要はありません。逆に，小さな

ステップで少しずつお尻を浮かしながら移乗を繰り返すことで，その人の能力を使うことが可能になります。

　移乗動作においてお尻を高く上げなくても，**1cmでも浮かすことができれば移乗することは十分可能**です。先述した手足の位置や身体のねじれを参考にしながら，少しでもお尻が浮けば，その瞬間に数cm横に移動する。それを数回繰り返すことで，いすに少しずつ移ることが可能です。詳しくは後述しますが，ベッドといすの高さはフラットで，できるだけ障害物がない状況をつくる必要があります。

さらに小さいステップの移乗介助

　それでも難しい場合は，さらに小さなステップで移乗を行います。お尻は左右2つありますので，お尻を近づけたり離したりすることで，少しずつ移乗することが可能になります。例えば，左方向に移動する場合の手順は，次のとおりです。

①右側のお尻を浮かす（左側のお尻を先に下げると浮きやすい）

②右側のお尻を右側に移動させる

③左側のお尻を浮かす（右側のお尻を先に下げると浮きやすい）

④左側のお尻を右側に移動させる

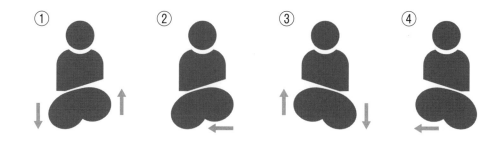

　2，3cmずつですが，左方向にお尻で歩くように移動しているのがわかるでしょうか。これを10回ほど繰り返すと，けっこうな距離を移動することができます。

　何度もお尻でゴソゴソするので，皮膚などが心配な場合は介助者の手を相手のお尻の下に入れて行うとよいでしょう。その際，相手に少し前屈みになってもらうと手に体重が乗りにくくなるので，援助者の手の負担が減ります（※厳密に言うとお尻の真下ではなく，坐骨の手前外側あたりに手を入れる。そこだと体重が直接援助者の手に乗らないので，援助者の負担はかかりにくいです）。

　この方法は**お尻を完全に浮かさなくても，片側のお尻を傾けることができたら可能**です。この動作が座位でゴソゴソ動くことの支援になります。この介助を行うだけでも座位バランスが安定して，楽に長時間座れるようになりやすいです。

　また，左右にお尻を傾ける動きを積み重ねることは，両方のお尻を浮かすための動きのベースにもなります。このような移乗を続けているうちに，自然とお尻全体が浮くようになることも期待できます。座位でゴソゴソ動くことを本人が覚えるきっかけにもなるので，褥

瘡のリスクも下がるでしょう。ただ，くれぐれも無理せず丁寧に行う必要があります。

　傾くことさえも難しい場合は，先に座ってリラックスする必要があります。ポジショニングで座位を楽にとってもらうと，力が抜けてやりやすくなることがあります。また，ベッド上で寝てゴソゴソ動くことを十分しておくと，動きはつながっていますので座ってゴソゴソ動くことが行いやすくなります。座位で身体がガチガチに固まっている人は，そもそも座って動く準備ができていません。その場合は臥位での支援が不十分なことがあります。座位と臥位は一見関係ないように思えますが，実はとても関係が深いのです。

移乗先との高低差をつけない

　移乗の際に人の自然な動きを引き出すためには，**今座っているところと移乗先との高さをフラットにする**ことが大切です。よく「移乗する時は高低差をつけましょう」というアドバイスをする人がいますが，それは上から下に人を落としているだけで，本人の動きを引き出しているわけではありません。

　もちろん能力の高い人であれば，多少の段差なんて気にする必要はありませんが，移乗の介助が必要な人は，能力が低いから助けが必要なのです。その人が自分で動こうとする場合は，小さな段差でもとても大きな制限になってしまいます。特に小さなステップでしか移乗できない人は，少しの段差でも非常に動作が行いにくくなります。1cm程度でもその段差にはまって抜け出せなくなることもあるので，移乗の際の高さは基本的にフラットにすることをおすすめします。

　また，自分で動くためには，**足が床につく高さにする**ことが大切です。足で床をしっかり踏むことで，お尻を浮かせることができます。高すぎて足が床についていなかったり，逆に低すぎたりすると立ち上がりにくいです。ベッドからいすに移乗する場合は，ベッドは基本的にいすの高さに合わせる必要がありますが，小柄で足が床につかない場合は足を置く台が必要なこともあります。

スライディングボードは橋渡しの道具として使う

　従来，スライディングボードはベッドと車いすに高低差をつけて，相手を滑らすように使います。しかし冷静に考えると，人は滑りながら転落するような動き方はしません。滑らせる時に相手の身体は緊張しますし，身体を固める癖がつきます。スライディングボードで介助されることを自分の身体で体験したり，スライディングボードを使われている人の動画を観察したりしてみてください。元気な人でも身体を固めています。

　さらに，人はそのような動き方をすることがないので，身体に不自然な動きを染み込ませることになります。その結果，自分で立ち上がることがより難しくなっていきます。もちろん乱暴な介助をするよりは，スライディングボードを使って安静に移乗する方がよいのですが，スライディングボードを使ったからといって二次障害や拘縮が予防できるわけではありません。逆に少しずつ廃用は悪化していきます。

ただし，スライディングボードを滑らせるものとして使わず，ちょっとした橋渡しの道具として使うことはできます。ベッドと車いすの間にはいくら近づけてもタイヤなどがあり距離がありますから，**できるだけフラットに近い状態にした上でスライディングボードを谷にかかる橋のように設置し，小さなステップで移乗する**ように使うこともできます。

エアマットや低反発マットレスは移乗しにくい

エアマットも移乗を行いにくくする原因の一つです。エアマットの端に座ると座面が柔らかすぎるので，移乗する前の座位が安定しません。利用者にエアマットの端に腰掛けてもらうことでエアマット自体がかなり凹み，転落しそうになって必死に押さえた経験はありませんか？　その状態で介助するのですから，援助者も大変です。つまり，利用者も援助者も移乗する前からかなり無駄な力が入ってしまうのです。

移乗を成功させるには，**移乗する前の座位が安定しており，楽に座れていることが必要**です。座位が崩れそうな中で，余裕を持って移乗介助することはとても難しくなります。ベッド上で楽に座るためには，ベッドの座面は安定している必要があります。リハビリモードで固めても空気の独特の不安定さはありますので，できることなら普通のマットレスかファイバー系の高反発マットレスを使用することをおすすめします。ちなみに低反発マットレスもエアマットと同じで柔らかすぎるため，自分のお尻の形に埋まってしまって余計に立ち上がりにくくなります。ただし，エアマットをなくすにはポジショニングや寝てゴソゴソ動くことを介助するスキルが必須です。無理にエアマットだけをなくしても問題は解決しません。安易にエアマットだけを排除すると悪影響が出る場合もあるので，注意が必要です（P.122参照）。

このように考えると，安定したベッドマットは結果的に座位で動くベースになり，また移乗も楽に行うことにつながるのです。

車いすからの移乗で邪魔なもの

車いすに座っている状態から移乗を行う際に一番邪魔なものは，車いすのアームレストです。その次に邪魔なものは，フットサポートです。アームレストを跳ね上げ式のものに変えるだけで，お尻を大きく浮かせる必要はなくなりますし，フットサポートも取り外せた方が手間は増えますが，楽に移乗介助がしやすくなります。

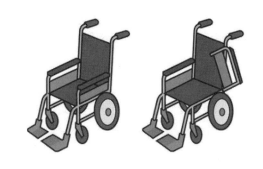

介助が大変な人ならば，このような機能を持っている調整式（モジュールタイプ）の車いすを採用することをおすすめします。ちなみに，アームレストの跳ね上げができなくても，乗り移りをする前にあらかじめお尻を座面の前に移動しておくことで，肘置きの邪魔を極力減らすことは可能です。

一方で，リクライニング車いすは大きいので，ベッドとの距離が一層空いたり，足がつかない高さになったりします。どうしてもリクライニング車いすを導入する場合は，さらに介助スキルが必要になります。介助のスキルがなく，乱暴な介助になる場合は，リフトの導入も必要になるかもしれません。ただし，その場合のデメリットをしっかり理解する必要があります（P.114参照）。

　日頃からエアマットやリクライニング車いすを使わなくても，適切なポジショニングを行ってゴソゴソ動くための支援をする，そして，今回紹介した自然な身体のねじれを使った移乗や，小さなステップでの移乗を日々繰り返していくことで座位も機能的になれば，リクライニング車いすを使う機会が減るかもしれません。そうすることで，援助者も介助される人も移乗が行いやすい環境を保つことができます。もちろん病気の特徴や毎日の過ごし方によって，リクライニング車いすが必要な人もいると思います。大切なのは，このような現実を理解しつつ，デメリットを少しでもフォローすることです。いろいろな状況があるので柔軟に考えることが必要です。

まとめ

①手足は，移乗先である目的の場所とは反対の位置に置く。
②小さなステップでの移乗を積み重ねると，いろいろな動きができるようになります。
③環境はフラットで安定していること，足が床についていることが大切です。

こちらの動画もチェック！

目からウロコ！！
楽で元気になる
移乗介助
楽プロも知らない移乗のキホン 7:56
楽で元気になる移乗介助【四つ這いや歩行の上達につながる】トラン…
https://youtu.be/35pPZ3ppIpY

まっすぐが正しいわけではない！？
楽に座る
支援と考え方
長時間座るためには！？ 16:36
プロでも誤解しやすい座位の支援
【生活支援・リハビリ・ポジショ…
https://youtu.be/CM5g6S3-4YM

座り直し介助
誰も知らない重要性
この動画であなたの
リハビリ・介助の概念が変わります！！ 8:28
【立ち上がりや歩行】につながる
【座り直し介助】
https://youtu.be/B4EoQwxQHes

【9】傾いている人の座位支援
いろいろな方向に丁寧に傾くことが重要！

  傾いている人をまっすぐ座らせるには，
どうすればよいでしょうか？

  無理にまっすぐにしてはいけません。
自然とまっすぐになる方法をお伝えします。

　介護現場では，座っていても傾いて固まっている人をよく見かけます。そんな時，援助者がまっすぐにしようとして無理やり起こすことが多いと思いますが，はっきり言って逆効果です。人がまっすぐ座る仕組みをしっかり理解して，自然と楽に座れる方法を学びましょう。

人はなぜまっすぐ座れるのか？

　私たちはなぜ自然とまっすぐ座れるのでしょうか？　この答えが明確でないと，まっすぐ座ってもらう支援はできません。

　まっすぐ座るポイントは「重力」にあります。私たちの目には見えませんが，地球上ではまっすぐな力が常にかかっています。その重力と釣り合うことで，私たちはまっすぐ座ることができているのです。では，どのようにして身体は重力と釣り合うことができているのでしょうか？

　重要なことですが，傾いている人を「無理やりまっすぐにすれば，重力と釣り合う」わけではありません。クッションや手で押さえつけると一見まっすぐに見えるかもしれませんが，無理な行為が身体に影響を及ぼし，余計に身体の緊張は高まります。**見た目だけまっすぐにしても，重力と釣り合っていないため意味がなく**，むしろ相手を苦しい状態にさせてしまいます。私はこれを「**ハリボテのまっすぐ**」と呼んでいます。

　本質的には重力と釣り合うことで，自然と楽にまっすぐになることが重要です。この状態の時は「ハリボテのまっすぐ」とは違い，いろいろな方向にニュートラルに動くことができます。ガチガチに固まるのではなく，**いつでも柔軟にいろいろ**

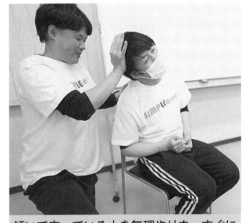

傾いて座っている人を無理やりまっすぐに座らせるのは逆効果

な方向に傾くことができる……，それが重力と釣り合いがとれたまっすぐなのです。

まっすぐ楽に座るためにどうすればよいか？

　楽に自然とまっすぐになる，つまり重力と自然に釣り合うために大切なことは「**揺れる**」ことです。これは，いろいろな方向に「傾く」ことでもあります。**いろいろな方向に傾くことができるから人は重力と釣り合い，結果的にまっすぐになる**のです。

　一つ例を挙げると，子どもの頃，手のひらに傘の先端を乗せてまっすぐ立たせようとしたことはありませんか？　傘はいろいろな方向に揺れながら，まっすぐ立つことができていたと思います。原理としては，あれと同じです。

　現場ではポジショニングやリハビリテーションで，傾いている人を無理やりまっすぐにしようとする場面を多く見ます。皮肉なことに，無理にまっすぐにすればするほど揺れたり，傾いたりする機会がなくなってしまうので，重力と釣り合うことができません。その結果，非常に苦しいまっすぐを強いることになります。

重力と自然に釣り合うのに大切なことは「揺れる」こと

　難しく考える必要はありません。とにかくいろいろな方向に揺れてみればよいのです。揺れているうちに，自然と重力がまっすぐにしてくれます。傾くバリエーションが増えれば，いろいろな方向に揺れることができるので，自然に少しずつ重力と釣り合うことができます。

　実際，ほとんどの人は意識せずにまっすぐに座り，まっすぐに立つことができます。それは，赤ん坊の頃に「自然といろいろな方向に揺れるという能力を獲得した結果」重力と釣り合い，自然とまっすぐになっているのです。もし重力が曲がっていたら，みんな傾いて座るようになるでしょう。そのくらい重力の影響は大きいのです。

慣れた方向の傾きを広げる〜スローなダンスを踊ろう

　傾く（揺れる）ことが重要なのは理解できても，人によって得意な方向と苦手な方向が存在します。この時に無理に苦手な方向に傾かせる必要はありません。いろいろな方向に傾けることが理想ではあるのですが，実際は左に傾いたまま固まっている人，背中が丸まったままの人など，いろいろな状態で傾いたまま固まっていると思います。

　大切なのは，その人の傾きを「苦手な方向に傾けることではない」ということです。むしろ，**得意な方向の傾きを拡張していく**のです。仮に左に傾いているのであれば，右に無理やり傾けるのではなく，本人がしている傾きを尊重しつつ，少しずつ角度や方向を変えることで，左への傾きのバリエーションを増やしていきます。それが一番本人にとっても楽で，動きを学習しやすくなります。自分のやっていることと少しだけ違うことは，脳が無理なく情

報を処理するので取り入れやすいのですが，普段全く行っていないことは，その人にとって未知の世界であり，脳の処理が追いつきません。その結果，いくら正しい動きであっても，無理やり動かされたという情報しか残りません。

また，動かす範囲をいきなり大きくしたり，速度が速すぎたりしても，普段動いていない人からすると，普通の速度でもジェットコースターに乗っているようなものです。動いてはいますが，何が起こっているのか体感することはできません。ですので，**最初ほど慣れた方向でゆっくり小さく行います**。慣れてきたら徐々に方向を広げたり，範囲を広げたりするとよいでしょう。無理に動かすのではなく，相手も少しずつ反応していけることが重要です。

介助のイメージとしては，手で動かすというよりも，本人と一緒に身体全体でゆっくりと動きます。手は触れているだけでよいです。それはまるで利用者とダンスをしているような感じです。少しずつ相手のペースや方向に沿いながら，スローなダンスを楽しんでください。お互い心地よく動くことが大切です。そうして揺れているうちに揺れる方向が広がり，自然とまっすぐになっていきます。

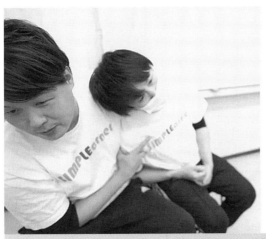 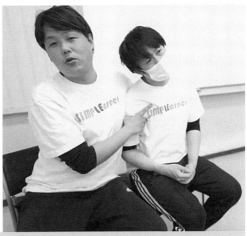

身体全体でゆっくりと本人と一緒に揺れているうちに，自然とまっすぐになっていく

行いやすい環境を選択する

少しずつでも動くことが目的ですから，座面が安定したものを選びます。私たちは**座面がふわふわしたところで，身体全体を動かすことはできません**。一緒にダンスをするにしても，座面が安定したいすで行うなど，お互いが動きやすい状況をつくりましょう。

その際，足が床につくことを忘れないようにしてください。足が床についていないと，それだけで動くことが難しくなります。傾くことに慣れていない人にとっては怖さにつながるので，できるだけ安心感を持ったかかわりが必要です。

また，単純に座るだけでもつらいという人は，援助者がポジショニングなどのサポートをして，できるだけ楽に座ってから小さく揺れてください。それが難しい場合は，無理して

座って揺れる段階ではありません。まずは，寝てゴソゴソする（寝転んでゆっくり揺れる）ことが必要になります（P.47参照）。それらを丁寧に支援することが，「座って学習する」ことの土台になります。くれぐれも無理は禁物です。

「傾くこと」は人間の必要な機能

　私たちが座位を長時間とるためには，「傾くこと」が欠かせません。映画館で2時間の映画を観る時，微動だにせずまっすぐ座っている人はいませんよね？　いろいろな方向に傾き，時に座り直すことで不快になることを予防し，長時間座って映画を観続けることを可能にしています。

　「傾くこと」も人の機能の一つであり，私たちは「傾くこと」ができるから，まっすぐ座ったり長時間座ったりすることができるのです。「傾くこと」が悪いわけではなく，問題の本質は多様性に欠けること，つまり**一方向に固まっていることが問題**なのです。

　人間は適度に揺れていることで，自然とまっすぐになるようにできています。無理やりまっすぐにしなくても，その人なりにいろいろな方向に傾けるだけで，今より楽に座ることが可能になります。少しずつ傾きも減るでしょう。逆に，**まっすぐだけできて一切傾くことができなければ，とてもつらく苦しい座位になる**でしょう。苦しい座位で生活をするということは，苦しい人生を過ごすということです。ぜひいろいろな方向に傾けるように援助してきましょう。

まとめ

①まずは人がまっすぐ座れる仕組みを理解しましょう。
②重力と自然に釣り合うために，利用者とスローなダンスを踊りましょう。
③傾くことは大切な機能です。多様に傾くことを支援しましょう。

こちらの動画もチェック！

無理に正してはいけません。
傾いている人を
まっすぐ座る方法
※有料級です　8:19
傾いている人を【まっすぐに自然に】座る方法
https://youtu.be/1gcnVK6yswA

まっすぐが正しいわけではない！？
楽に座る
支援と考え方
長時間座るためには！？　16:36
プロでも誤解しやすい座位の支援
【生活支援・リハビリ・ポジショ…
https://youtu.be/CM5g6S3-4YM

【10】楽に立ち上がってもらう方法

人の自然な動きを引き出す！

 Q 楽に立ち上がってもらう介助のコツを教えてください。

 A 立ち上がり介助の基本は一つだけです。
その基本を押さえつつ，立ち上がりを
さらに楽にする「5つのコツ」をお教えします。

　立ち上がり介助というと，相手を思いどおりに立たせることと思いがちですが，ここでは立ち上がり介助を通して，「相手も自分で立てるようになる」ようなかかわりを紹介します。

　少しでも自分で立てるようになれば，介助の負担はさらに減りますし，相手も喜ぶので，まさにwin-winです。立ち上がり介助を通して相手も楽に立てるようになることは，とても素敵なことです。

立ち上がり介助の基本とコツ

　いろいろな立ち上がりの介助法がありますが，すべてに共通しているのは**足の裏に体重を乗せる**ということです。

　当たり前ですが，私たちは足の裏に体重を乗せなければ立つことはできません。現場ではよく「両足を引いてまっすぐお辞儀をして立ち上がらせる」という介助法を指導されていますが，それも足に体重を乗せるための一つの手段というだけなのです。

　逆に言えば「足に体重を乗せる」ということがしっかりできれば，まっすぐお辞儀して前屈みにならなくても，両足の位置にこだわる必要はありません。両足を揃えて立つことは，足に体重を乗せるためのバリエーションの一つでしかありません。一つのやり方に固執するのではなく，いろいろな立ち方を理解することで，人それぞれに合った立ち上がりを介助することができます。ここからは足に体重を乗せて，楽に立つための5つのコツを紹介していきます。

【コツ1】立ち上がる前に「座って揺れる」

　「立ち上がり介助」というと，いきなり相手を立たせようとしがちですが，実は人は「**座って揺れる**」ことができないと，立ち上がることはできないのです。重要なことですが，意外

と知られていません。「座って揺れる」ことができない人は，とてもぎこちない立ち上がりになってしまいます。

　特に立ち上がることが自分でしにくい人であれば，まずは「座って揺れる」ということをしてみましょう。コツとしては，お尻の一部が座面から少し離れるぐらい揺れることができればよいでしょう。

　また，次に紹介する動きを使うと，より簡単に立ち上がることができるので参考にしてみてください。

①立ち上がる前に 「座位で移動してみる」

　座位で揺れながら，前方や後方に移動することを覚えてもらいましょう。揺れることそのものだけでも立ち上がりにつながるのですが，座面の前方に座位でゴソゴソと移動することで足が床に届きやすくなり，また下腿の裏の圧迫も軽減される分，さらに立ち上がりやすくなります。座り直しについては，この項の最後に紹介している動画で確認してください。日々のゴソゴソしながら座り直すことが，実は楽に立ち上がることにつながっているのです。

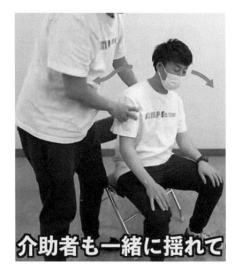

介助者も一緒に揺れて

②立ち上がる前に 「少し後方に揺れてみる」

　いきなり立ち上がるのではなく，立ち上がる前に，まず後方に少しだけゆっくり揺れながら立ってみてください。こうすることで全身のバネが使えるので，さらに楽に立ち上がることができます。逆に言うと，前屈みの状態で一度止まる癖がある人は，すごく大変な立ち上がり方をしています。ほんの少しゆっくり後ろに揺れるだけで，かなり変わります。勢いあまって投げ技にならないように注意しましょう。

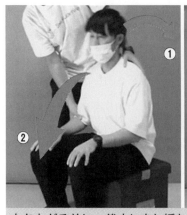

立ち上がる前に，後方に少し揺れて，その勢いで立ち上がってみる

前屈みで止まると立ち上がりがしんどい

【コツ2】「ねじれながら」立ち上がる

　先述したように，立位介助は「お辞儀をしてまっすぐ立ち上がる」という説明がなされていることが多いですが，それにこだわる必要はありません。まっすぐ立ち上がらなければならないということで，余計に身体が緊張する人がいます。しかし，**身体は「ねじれながら」立ち上がった方が楽なことも多いのです。**

　実は，人間の身体は非対称です。心臓も肝臓も肺も，すべて左右非対称についています。腕もねじれてついています。手足もねじれてついています。ですから，「ねじれながら立ち上がる」のはむしろ自然なことなのです。

　通勤電車などで人を観察してみてください。まっすぐに立ち上がる人の方が稀です。介助が必要な人だけ，まっすぐに立ち上がらなければならない理由はありません。

①片足を胴体に近づけてねじれながら立ち上がる

　立ち上がりを単純に説明すると，足に体重を乗せていく行為です。ですので，足を胴体に近づけると立ち上がりやすくなるのですが，その際，両足を揃える必要はありません。片足を胴体に近づけるだけでも，楽に立ち上がることができます。

　そして，立ち上がりの時は，ねじれる方向の足を身体に近づけて立ち上がってみてください。その時に手も使えるならば，いすの縁などでもよいので持ってもらうと，より楽に立ち上がれます。軽くねじれて立つ方が，案外まっすぐ立ち上がるよりも楽です。

右足が身体から近い→

②身体が最初からねじれている人は特に重要

　片麻痺や拘縮などでもともと身体がねじれている人は，無理にまっすぐお辞儀をして立ち上がってもらう必要はありません。その人に合わせたねじれを利用して，立ち上がってもらうことでかまいません。その方がずっと楽に立ち上がれます。

　逆に，無理にまっすぐにしても身体の緊張が高まるだけで，長期的に見ると身体は固まっていきます。もし，ねじれる癖がつくことが心配なら，少しずつその人の身体に

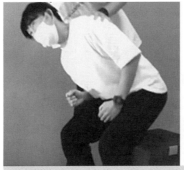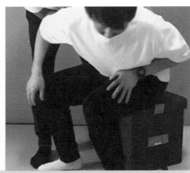

いろいろな方向にねじれて立ち上がることで，さまざまな環境に適応できる

合わせて，ねじれるバリエーションを増やしていくことで，いろいろなねじれ方で立ち上がることを覚えてもらえれば問題ありません。

　いろいろな方法でねじれて立ち上がることで，さまざま環境に適応していくことができます。

※**注意**：まっすぐ立ち上がることが楽な人もいます。その場合は，無理にねじって立ち上がる必要はありません。ただ，少しだけねじれて立ち上がってみるなど，いろいろと試してみてもよいでしょう。

【コツ3】足にかかる体重を実感してもらう

　ここまで「足に体重を乗せること」が大切だと説明してきましたが，実はそれだけでは不十分です。正確には，**人は「足に体重を乗せたことを実感」しないと，立ち上がるという反応は起こりません。**

　立ち上がっても踏ん張ってくれない人や，どうしても足が前に滑ってしまう人などはいませんか？　筋力がない場合もありますが，実は地面を踏んでいることが実感できないから，力を上手に入れられないという場合がほとんどです。その場合は，足裏や足全体をしっかり触ることで，立ち上がりがしやすくなることも珍しくありません。もしくは，援助者が膝の上から体重を少しかけてあげると，介助される人は足に体重が乗る実感を得やすくなるため，踏ん張ってくれやすくなります（P.85参照）。

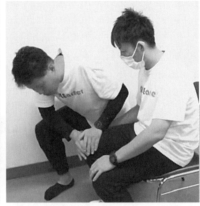

足裏や足全体をしっかり触ったり，膝の上から体重を少しかけたりすると，足に体重が乗る実感を得やすくなる

【コツ4】その人のペースに合わせて「待つ」

　介助というと，一方的に相手を動かそうとしてしまいがちですが，立ち上がりのタイミングを相手に合わせるだけで，介助の負担が軽減することも珍しくありません。特に介助が必要な人はゆっくり動くことが多く，逆に介助する人は元気な人が多いので，無意識に早く動かそうとしがちです。

　ですので，援助者は一方的に動かそうとせず，相手が動き出すのを待ってみてください。それだけで，介助がスムーズになることも珍しくありません。

特に，相手が戸惑って固まっている時に，援助者も焦ってしまって無理やり動かそうとしがちです。そんな時こそ心を落ち着かせて，相手の反応を尊重することが重要です。介助する側が焦ると，介助される人も余計に焦ってしまい，まともに動けません。

【コツ5】一度で成功させなくていい。むしろ失敗できることが大切

立ち上がり介助をしてうまくいかなければ，自分が失敗したと落ち込むこともあると思います。しかし，そんなふうに考える必要はありません。

そもそも立ち上がりにくい人を介助しているので，一回で立ち上がれないことは当然のことです。モタモタするのも当たり前です。逆に，すべての人をきれいに一度に立ち上がらせることができる人は，相手の動きを無視しています。そこに尊厳はあるのでしょうか？

人は失敗しながら学びます。それは他の動きも同じです。相手も何度か失敗しながら，自分に合った立ち上がり方を見つけていけばよいのです。それに一緒に付き合える介助の方が，よほどその人のためになります。「俺はすべての人を思いどおりに立ち上がらせることができる」というドヤ介助を卒業しましょう。それは介助者の傲慢でしかありません（P. 6 参照）。

> **まとめ**
>
> ①まっすぐ両足を揃えて立つ介助に固執する必要はありません！
> ②その人に合った楽な立ち上がり方を見つけましょう。
> ③紹介した5つのコツは，状況に応じて選んで使ってください。

こちらの動画もチェック！

その人の動きを尊重した介助法【テクニックが通用しない人の立ち上...
https://youtu.be/CDZ4sPjuMdI

自分で立てるようになる介助法【立ち上がり】リハビリにも使える！
https://youtu.be/aICeYConvaY

Q.立ち上がり介助のコツを教えてください【5つのポイント】
https://youtu.be/zfV43tAlThM

【リハビリ・介助に知ってほしい】ホントに正しい立ち上がりとは？...
https://youtu.be/T8vIssDrT4k

【立ち上がりや歩行】につながる【座り直し介助】
https://youtu.be/B4EoQwxQHes

「頑張って動くこと」を卒業しよう

　リハビリテーションなどの場面で，患者や利用者は「頑張っても動けない」と言います。でも実は，「頑張っているから動けない」のかもしれません。ここを間違うと，いつまでも楽に動けるようになりません。

頑張っているのになぜ動けないのか？

　多くの人は「筋力が弱いから動けない」と考えがちですが，それは大きな誤解です。もちろん，筋力が極端に低下して動けなくなる病気は存在しますが，多くの高齢者にとって，動けなくなる理由は筋力の低下ではありません。むしろ「力の入りすぎ」が原因なのです。無駄に力を入れすぎて，力を非効率に使うことで動けなくなるのです。例えば，すごく力んで全身に力を入れ続けたまま立ちあがろうとしたり，全身がカチカチで緊張したまま歩いたり…，そんな状態でまともに動けないのは当然です。

　新しい習い事をする時に，「無駄な力を抜きましょう」「リラックスしてやりましょう」と言われたことはないですか？　初心者ほど力が入りすぎてぎこちなくなり，すぐに疲れてしまいます。それは歩くことや立ち上がることにも当てはまります。無駄に力を入れて動けばすぐ疲れるし，動くのがつらくなります。

> **《体験してみよう》**
> 　今から両手をしっかり握り込んで全身で力んでください。
> 　できれば歯を食いしばってください。
> 　その状態を保ったまま，立ち上がろうとしたり歩いたりしてみてください。

　いかがでしょうか？　筋力がある私たちでも動くのがとても大変ではないでしょうか？実は動きがぎこちない高齢者も，このような現象を無意識にしています。長年にわたり無理した経験や癖が身体に蓄積することでどんどん無意識に力み，努力的になっていくのです。このような人は「力の入れすぎ」が問題ですから，当然筋力トレーニングをしても解決しません。自分の筋力で自分の身体にブレーキをかけているようなものです。そのブレーキを鍛えると，ますます動きにくくなるばかりですから，自分の身体とケンカすることで腰や膝などに痛みが生じるのも想像に難くないと思います。

「老いを否定する」リハビリから「老いに寄り添う」リハビリへ

　従来の介護予防は，「体を鍛えて筋力の低下を予防する」という考えが主流です。しかし

これは，現実に即した考え方ではありません。私たちは当然のことながら老います。筋力も年齢に伴い低下していきます。その中で鍛えることには限界があります。もちろん筋トレに効果がないわけではありませんが，いくら鍛えても80歳の人が20歳の筋力になることはありませんし，少し寝込めばすぐに筋力は低下していくでしょう。稀にマッチョな高齢者をテレビで見ますが，テレビで取り上げられるぐらい稀なケースです。みんながその人を目指すなんて，「全員頑張ればイチローになって大リーグに行ける」と言っているようなものです。

　今までの介護予防やリハビリは，「老いを否定する」リハビリです。「頑張って身体を鍛えて筋力を保ちましょう」「若い自分を取り戻そう」というものです。しかし，先述したように，それは多くの人にとって無理な発想です。老いない人なんていないのです。

　ここで発想の転換をしてみましょう。「老いを否定する」のではなく，「老いに寄り添う」のです。筋力が低下していくなら，「少ない力で楽に動くことを学習」すればよいのです。少ない力でも動くことができれば，老いても最低限自分のしたいことはできるかもしれません。体調が悪くても，少しずつ自分のペースで動くことができます。

　考えてみれば当たり前の話です。老いて力が少なくなるのだから，少ない力で効率的に動けばよいのです。さらに，「元気なうちから少ない力で動くことを学習すること」は，新しい介護予防とも言えるでしょう。大きな力で動くのではなく，逆に小さな力で効率的に動くこと。最期まで自分の足で歩くためには，そのような取り組みがもっと必要だと思っています。

筋力はあるに越したことはないけれど…

　このように述べると筋力を否定しているように思われますが，筋力はあるに越したことはありません。ただ，筋力だけあっても，それを効果的に使えるかどうかは全く別の話です。

　筋力がある人が身体を効率的に使うことを学べば，同じ筋力でもさらに多くのことができるようになります。例えば，プロ野球選手ならバッターボックスに楽に立つことができれば，立つ力をバットを振る力に使うことができます。歌手なら，舞台に少ない力で楽に立つことができれば，その立つ力を声を出す力に分配することで，より力強く歌うこともできるでしょう。

　無駄な力を減らすことで本来の力を発揮する。そのように考えると，「少ない力で楽に動く・効率的に動く」という発想は，老人だけでなく多くの人の助けになる考え方です。

　車の運転で考えてみてください。エンジンの出力を上げても，肝心の運転手が無免許だと，まともにまっすぐ進むことも難しいでしょう。優秀なドライバーであれば，高出力の車でビュンビュン動くこともできるし，オンボロの車でもコンビニなど行きたいところには安全に行くことができます。車の性能が上がらなくても，その車に合った運転を学習することで，行きたいところに行けるようになります。

「成長」から「成熟」へ

　これまでは，頑張って一生懸命努力することが素晴らしいとされてきました。若いうちは，

有り余ったエネルギーで努力することもよいかもしれませんが，高齢者となれば話は別です。年をとれば，限られたエネルギーで動く必要があります。頑張って無理して動けば，すぐにエネルギーはなくなってしまいます。それでも無理して動き続けるなら，身体は悲鳴を上げることでしょう。エネルギーをすぐに消費してしまい，ガス欠でこれ以上動けないかもしれません。無理をすればよくなるという幻想は捨てることをおすすめします。自分をいじめて動く必要はないのです。限られたエネルギーを上手に使い，自分を丁寧に扱うことで身体の負担を減らし，長持ちさせることができます。このような人は老いと共に豊かに生活することができるでしょう。年をとると成長することはできないかもしれません。若者と同じように動くことはできないかもしれません。しかし，少ない力で無駄がない動きを学習することで，人は大人として「成熟」していくことができます。

【11】歩行介助で足が出ない人
自然と足が上がるプロセスを理解しよう

  歩行介助をしていて足が出ない人がいます。
どうすればよいですか？

  いきなり足を上げさせるのはNGです。
まずは反対側の足で，
しっかり地面（床）を踏んでもらいましょう。

　歩行介助の際，利用者の足が出ないことがあると思います。その時の対処で最もおすすめしない方法は，「足をいきなり上げさせようとする」ことです。無理に足を上げさせようとすると，歩行はさらにぎこちなくなります。場合によっては転倒することもあります。同じように，「足を上げて歩きましょう」という声かけもおすすめしません。

なぜ「足を上げる」という介助がダメなのか

　人が歩行する時の「足を上げる」というプロセス（段階）は，歩行における最後の部分になります。足を上げるには，その前段階のいろいろな過程があって初めて自然に上がります。それなのに，いきなり「足を上げる」ことだけをしても，ぎこちない歩行になるのは当然です。

　受験勉強で例えると，いきなり結果（合格）を求めるのではなく，勉強というプロセスを積み重ねる必要があるのと似ています。

　ここでは，自然と足が上がるプロセスについて3段階で解説します。少しずつ内容を深掘りしていきますので，1段階目で上がらない場合は，2段階目，3段階目と参考にしてみてください。

【足が上がるために必要なこと1】反対側の足で踏む

　まず歩こうとして「足を上げる」ためには，先に反対側の足で床を踏めることが絶対条件です。**反対側の足で床が踏めないと，「足を上げる」ことはできません**。私たちは床を踏む力を上手に「足を上げる」力に変換することで，軽く足を上げることを可能にしています。

　ここで大切なのは，重力を利用することです。イメージと逆の人も多いかもしれませんが，人は重力を使うことで足を楽に自然に上げています。押し下げる力を押し上げる力に上手に変換することで，自然で楽に動くことができます。少し重力を使うことで，効率的に楽に足が上がる仕組みについて見ていきましょう。

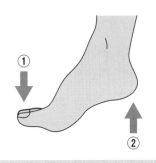

つま先が下がる力で自然と
踵が上がる

←左足が床を
押すように
手伝っています

左足で床を押す力で上げる

①踵が上がる

　踵を上げようとしなくても，つま先側を下げるだけで，その力が骨を伝わって，踵を自然
と楽に上げることができます。上げようとする努力は必要ありません。

②反対側の足を踏むことで足が上がる

　踵が自然に上がってきたタイミングで，反対側の足で地面（床）を踏みます。すると，そ
の押し下げた力は，骨を通じて逆の足を上げる力に変換されます。そうすることで，自分の
力をほとんど使わなくても足を上げることが可能になります。

【足が上がるために必要なこと2】上げる方の足にも体重を乗せる

　反対側の足でしっかりと地面（床）を踏むだけでも足は出やすくなりますが，それでも足
が上がりにくい場合は，さらにプロセスを追加します。反対側の足に体重をかける前に，ま
ずは**上げたい足に体重をかけます。その後，反対側に体重をかけていくと，**よりスムーズに
足を上げることができます。このように重力だけでなく身体の弾力を引き出すことで，ス
ムーズに足が出ます。

　これはゆっくりと止まることなく実施します。重力や身体の弾力性により，自然に足が出
やすくなります。何度かこの左足と右足の体重移動を繰り返すと，行いやすくなります。

先に右足に乗せてから

左足に乗せると

右足がスーと出る

【足が上がるために必要なこと3】立位で揺れる

それでも足が上がらない場合は，さらに，より前段階のプロセスを行うことが重要です。「立つだけで精一杯。足を出すなんて余裕もない」…そんな状態なら，まず立位で楽に揺れることが先です。

現状は，立位をとるだけにすべての力を使っているので，足を上げる準備そのものができていないのです。逆に言うと，立位で楽に揺れることができるから足も自然と出すことができます。まずはゆっくりと**立位で，いろいろな方向に揺れてもらいましょう**。何度か繰り返す中で，立位に余裕が出てくれば，自然と足が出やすくなる準備が整います。

手を離して立つ余裕がないようなら，平行棒や壁やいすなど安定しているものを持って揺れる練習をしてもらいましょう。無理はせず，できるだけリラックスして行うことがポイントです。

場面的なかかわりを卒業しよう

先述したように，歩行において「足を上げる」という動作は一番最後のプロセスです。いろいろな過程の積み重ねの結果，足を出しているということを理解しましょう。そうすれば，場面的なかかわりではなく，そのための前段階として「私たちは何をすればよいか」ということを考えられるようになります。

結果ばかりを変えようとするのではなく，その過程に働きかける介助を考えましょう。

まとめ

①歩行介助では足を上げるのは最後。まず反対側で床を踏む。
②難しかったら上げたい足に体重をかけてから，反対側で踏む。
③それでも難しかったら，立位で揺れる練習から始めましょう！
④動きのつながりを踏まえて，歩行を介助するという意識を持ちましょう！

こちらの動画もチェック！

【楽な歩行を学びたい人も】足が出ない人の歩行介助のコツ【歩行の…

https://youtu.be/SMbgVfx5oEA

Q 食事介助の際に留意すべきことについて
教えてください。

A ３つの「新原則」に留意しながら
食事介助をすると，
相手は楽に楽しく食べることができます。

　食事介助は，昔から誤解されている部分が非常に多いです。そのため，飲み込みにくい状態でケアしていることも少なくありません。食事介助における誤解を紐解きつつ，食事を安全かつおいしく食べるための３つの新原則を紹介します。

【新原則1】リラックスしていること

　「食事介助はこの角度の姿勢で行う」と専門家が解説していることがありますが，現場ではそれを信じ込んで，変形が強い利用者の上半身を無理やり前傾にしたり，強制的に顎を下げたりすることで，相手の身体の緊張を高めていることが少なくありません。実は緊張状態の時は，どんな角度の姿勢でも飲み込むことが困難になります。理論上，飲み込むために理想的な姿勢であっても，無理やり矯正した姿勢であれば，意味がないどころか逆効果です。

《実験してみよう》
　ペアになって，一人はいすに座って身体を反らしてください。介助する人は，相手の身体を無理やり力ずくで前傾姿勢にしてください。その状態で何か食べてもらいましょう。
　相手は首や上半身の緊張があり，飲み込みにくくなっていませんか？

グイッ

　食事で飲み込む時に一番大切なのは「リラックスしていること」です。特に上半身全体がリラックスしていることが重要です。
　ここで，私たちが普段どのように食事をしているか振り返ってみましょう。居酒屋などで観察してもらいたいのですが，ビールをジョッキで飲む時は身体を少し反らしながら，顎を

上げることで飲みやすくなります。逆に前傾して顎を引いて飲むと，ビールジョッキの形に合わないので，喉の緊張が上がって嚥下しにくくなります。焼き鳥などの串を食べる時も身体を起こして食べていて，あまり顎を引いて食べることはしません。周囲を見回すと，前傾になることなく背もたれにもたれながら食べている人も珍しくありません。肘をついて傾きながら食べている人もいます。

　今度は街中に目を向けてみましょう。立ってアイスクリームを食べる人もいれば，屋台で唐揚げを頬張りながら周囲をキョロキョロ見回して首をひねりながら食べている人もいます。考えてみると，食べ物の形も食事の状況も多種多様の中で飲み込みをしており，いろいろな食べ物や状況に頭の角度を合わせることができるから楽に食べられるのです。それこそが本来の人の嚥下機能です。それなのに「正しい角度はこうだ」と頭を固定し，無理やり食べることによって身体の緊張を高めてしまうのは本末転倒です。緊張が高まると喉はカチカチになり，まともに動きません。人はリラックスした状態でないと，楽に食べることができません。

　「これらは元気な人にとっての話であって，機能が低下している人には，正しい角度を決めた方がよいのでは？」と思うかもしれませんが，それは間違いです。機能が高い人は，ある程度制限された状態でも身体を柔軟に使えば食べることが可能ですが，機能が低下している人が方法を制限されると，それに適合できない人は食べることができなくなってしまいます。

　もちろん機能が低下している人にビールをジョッキでがぶ飲みしろと言っているのではなく，固定観念をなくし，**嚥下能力を最大限発揮するため，その人に合った食べ方を見つけていく**ことが求められます。

　そこで必要となるのが，決まった形を押しつけて緊張させるのではなく，まずはリラックスすることなのです。特に，飲み込みの支援が必要な人は身体が変形していることが多く，無理にまっすぐに矯正すると，余計に身体の緊張が高まることも珍しくありません。前傾して顎の角度も正常になったけど，飲み込めなくなったのでは意味がありません。

　つまり，「**万人に正しい飲み込み動作の形は存在しない**」ということです。たとえ同じ人であっても，食べ物や状況によって変わるのが人の飲み込み動作です。勘違いしてほしくないのは，前傾姿勢がダメとか顎を引くことがダメで，顎を上げることがよいと言っているわけではないということです。大切なのは「無理やり」前傾姿勢をとらせているのか，「リラックスして」前傾姿勢をとってもらっているのかの違いです。同じ前傾姿勢でも，「質」が真逆になるのです。質が悪いと身体の緊張が高まり，飲み込みにくくなります。**私たちがまず向き合うのは，「正しい姿勢」ではなく「緊張」なのです**。楽でリラックスできているかどうかなのです。

【新原則2】口に含んで保つこと

　私たちが普段，食べ物を飲み込む時に無意識にやっていることがあります。それは食べ物や液体を，「口の中で一時的に保つ」ということです。口から入った食べ物は一度口の中で

保って，飲み込む準備ができてから嚥下します。飲み物の場合も，飲み始めは一瞬口に含んでから，ゴクゴクと飲み込んでいます。つまり，食べ物や飲み物を口に入れて，一時的に保つことなく，すぐに食道に流し込むことはできません。**人は自らコントロールできるもの（反応できるもの）しか，適切に飲み込むことができない**のです。

昔からよく誤解されている例として，「背上げのギャッジアップを30度にしてから食事介助を行う」「30度にギャッジアップした姿勢が一番誤嚥しにくい」というものが挙げられます。その理由は「30度に上半身を起こして食事をすると，食べ物が自然と食道に流れ込むから誤嚥のリスクが下がる」と説明されていますが，これはとんでもない間違いです。

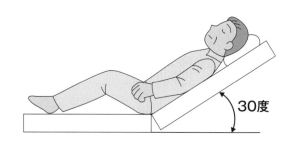

30度です。

30度では，スプーンがほぼ見えない状態で口に食べ物が運ばれてきますし，**勝手に食べ物が身体の中に流れ込むと，自分でコントロールできない**ためむせます。むしろ緊張が高まり，食べ物が気管に入る誤嚥のリスクも高まります。身体の緊張が高まると，当然リラックスすることはできません。つまり【新原則1】で紹介した条件が満たされないため，喉はさらに動きにくくなり，より飲み込みにくくなります。

30度にギャッジアップした姿勢で食べるというのは，「食べ物に対して反応はできないけれど，食事をとる必要がある」というかなり特殊な状況下で行われるものであって，たとえ寝たきりの人であっても，単純に当てはめるものではありません。

飲み込みを円滑に行うためには，口の中で保ちやすい状況をつくることが重要です。それにはまず，体位の問題を見直します。先ほど「決まった正しい姿勢はない」と述べましたが，逆に絶対におすすめしない体位があります。それは仰向けです。仰向けだと，必然的にどんな状態でもそのまま食べ物が喉の奥に流れ込んでいくので，絶対におすすめしません。できれば，座った状態で食べることをおすすめします。座り方としては前傾を無理にしなくても，リラックスできる座位を見つけましょう。もちろん前傾の方がリラックスして，口の中で保持しやすいのであれば，そちらの方がよいです。座位が取れない場合であっても，口に含んで保持しやすいことを目的に，その人に合った体位を見つけてください。ただ，そこまでいくとかなり難しい条件もあるので，リスクが高い人の場合，事前に医師や専門家に相談することをおすすめします。くれぐれも無理はしないでください。

また，口の中で食べ物を保つには，口が食べ物を迎え入れるための準備をする必要があります。食べ物を迎え入れる準備ができていないまま，開いた口の奥の方に食べ物を無理やり入れ込むと反応することができず，食道や気管にそのまま落下する危険があります。

口の中で保持するというのは，介助される側の主体的な行為です。食べ物を迎え入れる準備をしてもらうコツは，「**下唇にきちんとスプーンを当てる**」ということです。私たちは自

分でご飯を食べる時も，無意識的に下唇に当ててから食べ物や飲み物を取り込むということを行っています。下唇に当てることで，「食べ物や飲み物がこれから来るよ」というお知らせになり，口の中が食べ物を迎え入れる準備をするきっかけになります。

食物を迎え入れる準備をしてもらうコツは，「下唇にきちんとスプーンを当てる」こと

　食事介助をする場合は，口の中に直接食べ物を放り込むのではなく，下唇にスプーンを当てて，相手の口が開くのを待ちます。準備ができれば自然と口が開くので，そこでようやく食べ物を口の中に入れると，自然と食べ物を咀嚼したり保ったりすることができます。

　ほかの要素としては，**おいしそうなにおいや見た目も重要**で，それらを感じ取ると口だけでなく，身体全体が自然と食べ物を迎え入れようとする準備が行われます。おいしそうなにおいを嗅ぐだけで，おなかがギュルギュルと鳴った経験があるという人も多いのではないでしょうか？　それは胃や腸が食べ物を実感することで，無意識に食べ物を身体全体で迎え入れる準備をしているのです。

　まとめると，スプーンによる触覚，におい，味，見た目などを感じてもらうことで，身体は食物をより取り込みやすくなります。主体的に取り込むことで，食べ物を口の中で保持し，適切に保持することが飲み込む準備にもなるわけです。そして，それをリラックスして行えるように，体位を支援する必要があります。

　食事とは，主体的に反応する一連のプロセスです。勝手に食べ物が口の中に流れ込んで，それが仮にうまく食道に入っても，このような連続的な反応は生まれません。それはもう食べているのではなく，栄養を詰め込まれているだけと言えます。適切に飲み込んでもらいたいなら，その前段階の「主体的に口の中で保つ」というプロセスが必要になります。それらが省かれると，その先の咀嚼，嚥下も起こりにくくなってくるのは当然です。

　また，口の中に含んで咀嚼や飲み込みが行いにくい人がいます。前段階の主体的に自ら口に含むというプロセスが欠けると，口に含んだという実感を得ることができないため，食べようとする一連の反応が得られません。無理に口に含ませればよいというわけではありません。あくまでも**本人が食べている実感を持てることで主体的に口の中に含み，そして咀嚼から嚥下へと自然と移行できます**。

　また，食欲がなければ，一連の反応はいくら工夫しても起こらないので，それは別の問題として取り扱う必要があります。

【新原則3】全身で飲み込むということ

　一般的に飲み込む動作は，「喉だけでしている」と認識されがちですが，実は「全身運動」であり，**全身が連動することで飲み込む動作は楽にスムーズに行うことができます**。ですから，手や足も飲み込むことに大きく影響を及ぼしています。

足が浮いていると，飲み込みがし
にくくなる

特に注意しなければならないのは，いすに座っている時に足が浮いている状態です。足が浮いているだけで，身体の連動性が損なわれて飲み込みがかなりしにくくなります。逆に足が少しでも床やフットサポートについていることで，飲み込みがしやすくなります。

重度な人ほど，足が床につく必要があります。重度な人に足が浮いたまま食事を食べさせて誤嚥させた場合は，施設側に責任を問われる可能性があります。尖足の人の場合も，足が床にちょっとつくだけで随分と変わるので，足がプラプラしている状態で食事をするのは，特別な理由がない限りやめましょう。

同じように，手が浮いている状態であるなら，肘置きやクッションを使って，もたれてもらうことをおすすめします。それだけでもリラックスして飲み込みが行いやすくなるので，誤嚥のリスクを軽減することができます。また，ある程度手が自由に使える人の場合は，援助者が手を添えて，その人が自分で食べることを疲れない程度に助けるのも一つの方法です。腕の動きと飲み込みの動きは連動しているので，自ら食べるという行為だけでも飲み込みがしやすくなるのです。

食事の時はいすに移り換わる方がよいのか？

いすに移り換わるというのは手段であり，楽に食べるために行うものです。基本的には，いすは車いすに比べて構造が単純でガタガタしないので，座面が非常に安定しています。ですので，いすに移り換わった方が食べやすくなることも多いです。

ただ，重度な人の場合など，いすに適合しないほど変形していて，リラックスできていなかったり，足が床やフットサポートに全くつかなかったりするのであれば，その人に合った車いすを使用して食事をしてもらうこともよいでしょう。

大切なのは，いすか車いすかということではなく，先述した3つの原則を守れているかどうかです。変形が強い人でも，いすの高さを調整したりクッションを使用したりして，いすの方がリラックスできるのであれば，そちらの方がよいでしょう。また，車いすでも高級で造りのよいものは安定していることが多いので，身体に合うのであれば，その方がよいこともあるでしょう。

大切なのは，楽にリラックスして楽しく食べることができるかどうかであり，**いすに移り換わることはその手段でしかない**ということです。いすに移り換わると食べやすくなる人もいますが，そうではない人もいます。手段が目的化しないように注意しましょう。

栄養をとるだけでは元気にならない

食事ほど，五感を使って楽しむことができるものはなかなかありません。毎日の食事が，

私たちにとってレクリエーションそのものなのです。食事が楽しいかどうかで，人生の質の大部分が変わると言っても過言ではありません。

　人は「栄養をとれば元気になる」と思いがちですが，栄養だけをとっても元気にはなりません。試しに毎日同じものを同じ分量，一人で食べ続けてみてください。栄養は足りていても，1カ月もしないうちに大半の人は元気をなくすでしょう。軽いうつに近い状態にもなります。

　人が元気になるために本当に必要なのは，**栄養を「楽しく」摂取すること**です。そのために変化に富んだおいしい料理を提供することはもちろんですが，**食事をいかに「楽に食べる」**かも重要です。食事のたびに嚥下が苦しく死にそうになるなら，食事を楽しむことなどできません。毎回死と隣り合わせの食事なんて，楽しいわけがありません。おいしいものを安全に「楽に」食べるから，食事を楽しむことができます。さらに，仲のよい誰かと会食することでも，楽しく食べることができます。栄養だけじゃなく「おいしく，楽に，仲の良い人と」食べると人は元気になるのです。

まとめ

①まずはリラックスしてもらうことを優先に考えましょう。
②食べる時は，主体的に口の中で保てる工夫をしましょう。
③最低限，足を床や支持面につけましょう。
④楽しく楽に食べることが人生を豊かにし，元気にします。

こちらの動画もチェック！

食事介助の**新3大原則** 12:46
食事介助の【新3大原則】新しい時代の食事介助の考え方
https://youtu.be/Qye25eWnIl4

車椅子のフットレストの合わせ方 難しい知識 10:07
【世界一簡単で効果的な】車椅子のフットレストのあわせ方
https://youtu.be/q3ZTerNNaik

楽に座る支援と考え方 16:36
プロでも誤解しやすい座位の支援【生活支援・リハビリ・ポジショ…
https://youtu.be/CM5g6S3-4YM

ギャッジアップベッド問題点と本当の使い方 19:31
ギャッジアップベッドの問題点と本当の使い方（ギャッチアップベッ…
https://youtu.be/fuxDv5EO5hU

【13】関節の拘縮を
　　　　予防・改善するコツ
「身体の緊張と向き合う」ことが必要

 関節の拘縮を予防・改善する
効果的な方法について教えてください。

 最大の秘訣は,「緊張」を制することです。

　寝たきりの人によく見られる現象の一つに,関節の拘縮というものがあります。関節同士が癒着して,固まってしまっている状態です。関節の拘縮が進むと手足が曲がったり変形したままになったりして,まともに座ることもできません。関節が拘縮する主な原因と改善方法について解説します。

関節が拘縮する原因

　よく「関節を動かさなかったら拘縮になる」ということを聞きますが,これは真実なのでしょうか？　関節を動かさなければ拘縮になるのは間違いないのですが,この考え方は本質を表したものではありません。実は,**関節が拘縮する主たる要因は,筋肉の緊張によるもの**です。じっとしているから固まるという単純なものではないのです。

　人は全く動かないと,かなりの苦痛を伴います。皆さんも今の姿勢で1時間ほど1mmも動かないでいてみてください。身体は苦しくなると共に,緊張が高まっていきます。その緊張が癖になることで,自然と筋肉は縮んだまま伸びなくなり,関節は動きにくくなっていきます。この時点で拘縮は始まっており,それが長期間続くと関節同士が癒着を始めます。そうなると関節は強固に固まり,まともに動くことはできなくなります。つまり,拘縮は身体の緊張がすべての根源になっているのです。

　別の例を紹介すると,不幸なことにベッドに身体を拘束されることで,関節の拘縮が促進されることも多々見られます。それは縛られることに抵抗しようとするあまり,身体はより緊張を高めるからです。その結果,緊張が増長され,関節の拘縮がかなりの速度で促進されていきます。脳梗塞の後遺症による麻痺などでも関節拘縮を起こしやすいのですが,それも脳がダメージを受けたことで筋肉のコントロールを失い,常に身体の緊張が強い状態になるからです。

　「関節を動かさないから拘縮になる」と理解していると,「関節を動かせば,拘縮が改善ま

たは予防できる」と安易に考えてしまいがちですが，たとえ関節を動かしても身体の緊張が解けない限り，拘縮のリスクは軽減しません。逆に，無理に関節を動かすことで身体の緊張を高めるのであれば，拘縮を悪化させることになります。**拘縮を改善するためには，「身体の緊張と向き合う」ことが必要**なのです。

拘縮のリスクを軽減する方法

【リスクを軽減する方法1】 リラックスして過ごしてもらう

　先述したように拘縮の主な要因は身体の緊張ですから，身体の緊張が高いまま寝ていると当然，拘縮は悪化していきます。まずは日常の中でリラックスして過ごせるように支援することが基本です。身体が緊張したまま寝続けるのと，リラックスして寝続けるのとでは，拘縮のリスクに天と地ほどの差が生まれます。また，座れる人なら，座位もリラックスして座る工夫が必要です。

　リラックスするためには，ポジショニングのスキルが必要になります。ポジショニングの項目でも述べていますが，無理やりクッションを関節の間にねじ込んでも，身体の緊張を高めるだけで拘縮は予防できません。むしろ拘縮を悪化させるでしょう（P.94参照）。このようなかかわりで身体の緊張をずっと強めたままだと，いくら理学療法士などによる関節可動域訓練を行っても（1日にかかわれる時間は限られていますから），拘縮を予防することは難しいでしょう。ですので，本当に拘縮のリスクを軽減したいのなら，まずは**適切なポジショニングから始めて，日々の生活をリラックスして過ごしてもらう**ことが基本中の基本になります。

【リスクを軽減する方法2】 ゴソゴソを促す介助をする

　冒頭で述べたとおり，人は動かないと徐々に苦しくなり身体の緊張を高めます。ですので，リラックスして過ごしてもらうことができれば，次はゴソゴソを促す介助（P.47）を取り入れましょう。まずリラックスしもらうことで関節が緩みやすくなり，ゴソゴソするための準備が整います。適切なポジショニングが行われていないと，全く緩んでいない身体を介助することになり大変です。

　また，スライディングシートなどを使った介助も同様に身体の緊張を高めますから，拘縮を増長する要因になります。拘縮を本気で予防したいのなら，相手の身体を滑らせる介助ではなく，ゴソゴソを促す介助をしてください。さらに，ポジショニングの型を統一せず，いろいろなリラックスした体位を支援すると，結果的にゴソゴソを促す介助と同様の効果をもたらしますので，ポジショニングも多様性を持つようにすることが大切です。

　また，本人にとって**ゴソゴソ動きやすい環境になっているかどうかの確認**も大切です。エアマットなど身体が埋もれてしまうものは，当然ながらゴソゴソ動くことが難しいので身体の緊張を高めます。また，ギャッジアップベッドの使い方を誤っても，身体を動かすことができません（P.136参照）。拘縮を本気で予防したいのなら，本人がゴソゴソ動くことを邪魔しない環境面の工夫も必要です。ただし，無理をしても上手くいきません。福祉用具の選び方については，P.122を参考にしてください。

【リスクを軽減する方法3】関節の動かし方を工夫する

　関節の拘縮を予防するとなると，関節可動域訓練が最初に挙がると思いますが，それらは相手がリラックスして，日常的にゴソゴソできる状態をつくってからやるものです。特にリラックスしていることが非常に重要です。なぜなら，**リラックスしていない状態で他人に関節を動かされると，苦痛にしかならない**からです。その人は寝ることで精一杯なのに，他人が無理やり手足を動かしてくることで，その仕事まで増えるわけです。言ってみればブラック会社で一杯一杯の仕事をしているのに，さらに上司から別の仕事をさせられている状態と同じです。

　適切なポジショニングができていない状態でのリハビリテーションは，理学療法士などが適切に手足を伸ばしたとしても結果的に本人の苦痛を増やし，身体の緊張を高めることになるので，拘縮は改善するどころか悪化するリスクさえあります。まずはポジショニングにより寝るというベースの仕事を楽にすることで，ゴソゴソすることも手足を動かすことも無理なくできるようになるのです。

　また，関節の動かし方として大切なのは，無理やり動かさないということです。多くの人は曲がっている関節は無理にでも伸ばしたくなり，伸びている関節は無理にでも曲げたくなります。たとえ善意でやっていても，無理やり動かされると無意識に身体の緊張を高めてしまい，拘縮のリスクは上がります。「曲がっているものは無理やりでも伸ばしたらいい」というのは，相手の負担を高め，けがや拘縮につながるかなり危険な発想なのです。

拘縮を予防する関節運動

　次に，拘縮を予防するための関節運動のコツを3つ挙げます。

【関節運動のコツ1】自分の手を相手の身体に馴染ませる

　拘縮の予防ということで，多くの援助者はいきなり相手の関節を動かそうとしますが，それでは相手の身体もびっくりしてしまいます。

　まずは自分の手を相手の手や足に馴染むように，何度かじんわりと触れていきます。そうすることで相手の身体が自分の手を受け入れやすくなり，動くための準備が整います。「人の触れ方」については，P.12を参考にしてください。

また，相手の身体の緊張は，自分の目では見えにくいものです。寝たきりの人は，自分で苦しいと訴えることができない人が多いため，見た目には緊張していなさそうでも，触ると身体がカチカチだったということも珍しくありません。身体の緊張を確認するためには，見るだけでなく実際に相手の身体に手で触れて，リラックスしているかを確認することが重要です。

【関節運動のコツ2】スローなダンスを踊る

関節を動かす際，援助者は自分の手だけで相手を動かそうとしてしまいがちです。手だけで動かすと，無意識に相手は「物のように動かされている」と認識します。ですから援助者は，たとえ手で相手に触れたとしても，動かす時は自分の身体全体を使うことを心がけましょう。手は楽に相手に触れているくらいで丁度よいです。

例えば，足なら，相手の足と一緒にダンスしていると考えてください。また，最初から大きく動かそうとするのではなく，ゆったりと小さい動きから始めていくと，相手の身体は自然と緩んでいきます。

【関節運動のコツ3】ダンスは慣れた方向から始める

一緒に動く（ダンスする）方向も，無理な方向へ動かすのではなく，得意な方向から始めてください。例えば，肘が曲がっているのなら，無理やり肘を伸ばす方向に動かすのではなく，より閉じる方向へ少しずつ動いていきます。そうすると，自然と動く範囲が広がっていきやすくなります。悪いところを改善するというよりも，慣れた方向が少しずつ広がっていくイメージです。

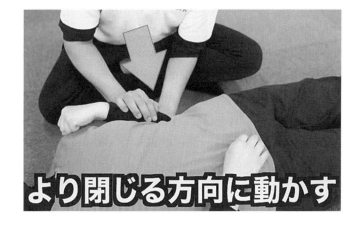

関節の拘縮は生活で改善する

関節の拘縮は，毎日の生活の中でつくられるものですので，基本的にはまずリラックスしてゴソゴソする生活づくりをすることが拘縮の予防や改善につながります。

それにプラスして，援助者が一緒にダンスをするようなかかわりをすると，より改善につながると思います。楽に寝てもらえるポジショニングやかかわりができていないのに，関節可動域訓練ばかり行うと逆効果になりやすいので注意してください。拘縮予防は日々の積み重ねです。どんな環境で過ごすか，どんな介助をするか，どんなかかわりをするか。その都度，筋の緊張は緩むのか，または強くなってしまっているのか。それらの小さな積み重ねで良くなることも悪くなることもあります。拘縮の改善は，より広い視点でさまざまな要因を１つずつ減らしていくことが重要です。

まとめ

①拘縮の予防と改善の一番のベースは，適切なポジショニングでリラックスしてもらうことです。

②日々のゴソゴソを促す介助が緊張を緩和し，拘縮を予防します。

③スローなダンスなどを丁寧に積み重ねることで，無理なく拘縮のアプローチができます。

④拘縮予防は日々コツコツと積み上げていきましょう。

【14】手指が拘縮して開かない人

脳に働きかけてみましょう!

Q 手指が拘縮して開かない人がいます。どうしたらよいですか?

A 拘縮した手指を無理やり開くのは厳禁。手の空間を感じてもらうと自然に開きます。

　寝たきりや拘縮が強い人で，よく「手指を握り込んで開かない」という人も多いですね。ずっと握り込むことで掌に垢がたまったり，においの原因になったりすることも少なくありません。

　よく現場でやりがちなのは，拘縮した手指を無理やり開こうとすることです。これは本人も痛くて苦しいばかりでなく，無理やり指を伸ばされるという不自然な動きを学習するので，少し無理に伸ばしても長期的に見れば余計に固まってしまいます。拘縮した手指を自然と楽に開くため，また開くだけでなく将来的に自分で少しでも動かせるようにするためのポイントを解説します。

「手首を反らして指を伸ばす」は誤解

　現場では時々，手首をしっかり反らせることで伸筋を働かせて，同時に指も伸ばそうとするような手法が見られます。この考え方で，拘縮した手指を伸ばそうとすることがあるようなのですが，これは全くの誤解です。結局のところ，それは**「無理に手指を伸ばしている」ことには変わりがないからです。**

　そもそも私たちは，手首を反らしたり丸めたりしないと手指が開かないというわけではないですよね？　問題の本質は全く別のところにあります。

手指の拘縮の本質

手首を反らしている状態

　手の筋肉が緊張し続けると，手指が開かないという現象が発生します。それが長期的に続くものを「手指の拘縮」と呼んでいます。

　では，何が筋肉をコントロールしているのでしょう？　それは私たちの脳が行っています。つまり**拘縮を改善するには，脳に働きかけることで筋肉のコントロールを改善**しなければなりません。小手先だけで「手指を伸ばす」ということをしても，手指が開くようにならない

のは当たり前のことです。

　脳のコントロールの問題であれば，手指が拘縮している人はどのように自分の手指を認識しているのでしょうか？　それを理解し，適切にかかわることができれば，手指は自然と開くばかりか，自分で動かし始めることも珍しくありません。

　寝たきりの人は，基本的に長期にわたり自分の身体を動かすことを行っておらず，指や手のひらさえも動かさずに過ごしていることも少なくありません。そうなると，人は動きを忘れ，自分の指や手のひらさえも感じることがなくなり，まるでドラえもんの手のようにひとかたまりとして実感してきます。一度，ドラえもんのような手として実感してしまうと，いくら他人が無理やり手指を開いても，また自然とドラえもんのような手になっていきます。

指や手の空間があることを実感してもらう

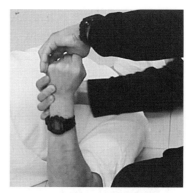

　そのように考えると，行うことは明確です。援助者が相手の指や手に触れることによって手や指があることを実感してもらえばよいのです。ゆっくりと丁寧に指を触っていったり，手の空間を触れたりすることで「ドラえもんの手じゃない」ということを体感してもらいましょう。言葉で言うよりも，**手で触れてしっかり実感してもらう**ことが大切です。

　手指を楽に開くための援助は，リハビリテーションだけのものではありません。むしろ，手の汚れを拭く時に丁寧に指や手のひらを拭くこと，お風呂で丁寧に洗うことで，本人が自分の指や手のひらを実感できます。丁寧なかかわりは，自然と生活の中でのリハビリテーションになります。

ポジショニングも併用しよう

　拘縮のある人の場合，手指だけが緊張している人は少ないと思います。手指が緊張している人は，腕も緊張しています。さらに全身が緊張している人もいます。たとえ，手のみを開きたい場合でも，少なくとも腕全体の緊張が抜けるようにポジショニングを行い，普段から手指だけでなく全身の緊張が抜けやすい適切な状態をつくることも大切です（P.103参照）。

こちらの動画もチェック！

脳に働きかけてみよう！！

Q.利用者さんの手が
握り込んで広がりません
どのように関わればいいですか？
（手の関節拘縮）

8:23

Q.手を握り込んで固くなった人の関わり方を教えてください【手の関…

https://youtu.be/qAHL_mH3Ick

まとめ

①手指の拘縮は，無理やり開いても痛いだけで効果がありません。
②丁寧なかかわりで，指や手の中の空間を実感してもらいましょう。
③普段からポジショニングで，全身の緊張を緩和することが大切です。

【15】骨を揉むことの効果
骨を実感してもらうための「骨揉み法」

 Q 介助以外に，本人の楽な動きを手伝う方法はありますか？

 A 介助する前に，「骨揉み法」を実施するのが非常におすすめです。

　一般的にマッサージや整体というと筋肉を揉みますが，骨を揉むことで人は骨の使い方を学習し，動きやすくなります。リハビリテーションや介助の前に導入してみてはいかがでしょうか？

「骨揉み法」とは

　「骨揉み法」は私が作った造語です。文字どおり，骨を揉むことなのですが，実際には，揉むというよりも，ゆっくり丁寧に骨を押すという表現が近いと思います（指圧などのように強く押すわけではありません）。

　具体例については後述しますが，骨にやさしい圧力を丁寧にかけていくことで，相手はとても気持ちよいと感じるだけでなく，**骨を実感することで骨の使い方を学習し楽な動きがしやすくなります**。さらに，**骨を揉んでいるのに筋肉が柔らかくなる**という画期的なアプローチでもあるのです。

　骨を揉むからといって，骨を柔らかくするというような意図は一切ありませんし，もちろん骨を柔らかくすることはできません。では，なぜ骨をやさしく押すのかというと，脳が骨を明確に感じ取れるようにするためです。私たちの身体の中に骨があるのは間違いないのですが，多くの人は骨の位置や存在を曖昧にとらえています。脳は曖昧なものを動かすことができません。

　AとBの写真を見比べてみてください。Aのようにぼんやりとしたものをつかもうとすれば，どの程度力を入れて，どの程度手を開けばよいのか迷ってしまうのではないかと思いますが，Bのように輪郭がくっきりとしていることで，どれくらいの力で持てばよいのか，どのくらい手を広げればよいかということがイメージできるのではないでしょうか？

　実は，このようなことが身体の骨に対しても起こっていて，骨を明確に感じ取れない人は無駄な動きが多くなったり無駄な力が入っ

てしまったりすることが多く，逆に**骨を明確に感じ取れる人は，無駄な力もなく効率的に動くことができます**。この仕組みがあるので，やさしく骨を押すことで相手は骨の位置や存在が明確になり，少ない力で楽に動くことができるのです。楽に動けない人は，筋力の問題だけではなく**身体の中にモザイクがかかっている人が非常に多い**のです。

骨と筋肉の関係

　私たちは骨と筋肉を別々に考えてしまいがちですが，実はとても仲のよい夫婦のような関係性があります。よく考えると，筋肉は常に骨にくっついているのですから，骨が筋肉に影響するのも当たり前の話です。

　ということで，骨と筋肉の関係性について考えてみましょう。そのためには，骨は動くために何をしているのか，また筋肉にはどんな役割があるのかを知っておく必要があります。

1）骨の役割

　皆さんは実物大の骨格模型を見たことはあるでしょうか？　とても重くて大きいですよね。もちろん身長などによって差はありますが，あの大きいものが身体の中に入っているわけです。それを無視して人間の動きを理解することはできません。

　では実際に，骨にはどんな役割があるでしょうか？　人間から骨がなくなると，一体どうなるのでしょう。骨の役割を考える上で，骨がない生物を考えてみるとわかりやすいです。例えば，タコやイカなどを陸上に置くとどうなりますか？　グニャと形が変わって動けなくなります。軟体動物が壁や床を押してもやはりグニャとなって，まともに押すことはできません。

　つまり**骨には，①身体の形を保つ，②身体に力を集める，③身体の力を通す**という役割があります。人間は骨があるから，身体の形は崩れませんし，しっかり床を押すこともできます。また，骨はもともと硬く安定しているので，固めるためのエネルギーをほとんど必要としません。

骨はエネルギー（力）を使わなくても支えられる

2）筋肉の役割

　次に，筋肉について考えてみましょう。仮に体中の筋肉がなくなって，骨だけ残ったとしてまともに動けるでしょうか？　当たり前ですが，骨だけでは微動だにすることができません。筋肉があるからこそ，身体を動かすことができます。

　つまり，**骨を動かすことが筋肉の役割**です。筋肉は骨に比べて柔らかいため，何かにくっついて動かすことに長けています。また，筋肉は力を強く入れると固めることもできますが，非常にエネルギーを損耗します。

筋肉はエネルギー（力）を使って固くしないと支えられない

3）人間が楽に動く仕組み

　私たちはなぜ楽に立ったり座ったりできるのでしょうか？　そ

れは骨を上手に使っているからです。多くの人は筋肉を使って立位や座位を保持していると考えていますが、筋肉を固めるためには、とても大きなエネルギー（力）を必要とします。一方、骨は性質自体が硬いので、骨を使うことで人は自分のエネルギーを使わなくても楽に立つことを可能にします。言ってみれば、理想的な立位とは骨を積み上げているような感覚です。それを筋肉が崩れないように、絶えずバランスをとっていると考えるとわかりやすいかと思います。つまり、**骨を上手に使うことができれば、体重を支えるのは骨が担うことになります。筋肉は体重を支える必要がないので、固まらず柔軟に使うことが可能になります。**

腕の骨を使って頭を支えるので楽

首の筋肉を固めて頭を支えるのでとてもしんどい

　では、骨を上手に使えない場合はどうなるでしょうか？　骨を上手に使えないということは、イカやタコ状態になるということですから、当然身体は崩れ落ちます。それでも身体を起こしたいのであれば、筋肉が骨の肩代わりをしなければならず、骨のように筋肉を固める必要があります。もちろん筋肉は本来柔らかく形が変わるものですから、固めるためにエネルギーを使い続けます。とてもしんどい状態が続くだけでなく、本来の役割とは違う「骨の代わり」といった負担をするわけですから、無理が生じて少しずつ痛みが出てきます。そして、その負担はどんどん積み重なっていきます。

　これが腰を痛めたり、肩が凝ったりする理由の大半です。背骨や肩甲骨の代わりに、筋肉で肩を無理に持ち上げて座位をとったり、骨盤や足の骨を上手に使えないから腰の筋肉を固めて保とうとしたりするのです。そうなると筋肉はカチカチになってしまいます。

　多くの施術者はこの関係を知らないために、筋肉に問題が起こると筋肉を原因にします。肩が凝っている場合は、肩の筋肉を揉みほぐそうとしたり、腰が痛いという人には腰の筋肉をマッサージしたりします。その時は少し楽になるかもしれませんが、日常的に骨が使えていなければ、また肩の筋肉を無理に上げて座位をとったり、腰の筋肉を過剰に固めたりしてしまうことでしょう。そうなると快適に過ごすことは難しくなります。痛いところを揉むだけでは、根本的な改善につながらないのです。

骨を上手に使えない理由

　骨を上手に使えない理由の大半は、骨を実感できていないことにあります。多くの人は自分の身体の中に骨があることは知っていても、実感できているとは限りません。例えば、大腿骨という大きな骨があります。学校で知識として習うかもしれませんが、大腿骨を知識として知らなくても、実際には生まれた時からゴソゴソ動くことで大腿部の骨を感じ取って使えるようになり、歩くことができるようになっていきます。

大腿骨だけでなく，すべての骨に対して言えることですが，私たちは生まれた時から骨が身体の中にあることを明確に実感できているのではなく，発達のプロセスの中で骨を実感し使うことを学習していくのです。つまり，私たちは骨があると知識として知るもっと前に，骨を実感し動いているのです。しかし，せっかく子どものころに実感して学習したとしても，大人になり長年にわたる身体の癖が強くなったり，寝たきりになり一部の骨を使う機会が減ったりします。骨は使わなければ，その存在が脳の中で忘れられていきます。使われない部分の骨が実感できなくなり，その分筋肉を固めて骨の代わりをすることで，さらに骨を使えなくなるという悪循環に陥ります。

　意外に知られていませんが，人は動き方を忘れる生き物です。**動かなくなったり，習慣的に同じ動きばかりしたりしていると，使われない骨はその存在さえ脳の中で抹消されていく**のです（仮に知識として知っていても，実感できなければ使えない）。そうなれば，いざ使いたい時にまともに使えるわけがありません。その結果，筋肉が骨の代わりを無理にし続けるしかなくなるのです。

「骨揉み法」が筋肉を柔らかくする理由

　先述したように，**「骨揉み法」は骨を揉みほぐすのではなく，骨を実感してもらうためにやさしく圧をかける方法**です。そうすることで，脳の中でぼんやりしていた骨の存在がはっきりしていきます。それだけで自然と骨を使えるようになります。

　筋肉が骨の代わりをしているからつらい状態になっているといった場合，**骨が本来の仕事をすれば，筋肉は固めている必要がなくなり，自然に柔らかくなります**。これが筋肉を揉まなくても骨をやさしく押すだけで筋肉が緩む理由です。骨

骨が支えてくれると筋肉は楽
（柔らかくなる）

をしっかり日常的に実感できれば，筋肉はずっと柔らかい状態を保つことができます。

　したがって，筋肉と骨は絶えずセットで考える必要があります。骨との関係を抜きにして，筋肉だけで考えて，筋肉だけを揉むからうまくいかないのです。一時的に柔らかくなったとしても骨を上手に使えないかぎり，筋肉は骨の役割をするから固くなるのです（筋肉を揉んではいけないと言っているわけではありません）。

「骨揉み法」の具体例

　骨を揉むと言っても，強く揉んではいけません。筋肉を指先で揉みほぐすようなイメージとは真逆で，乱暴に揉みほぐすことも行いません。決して無理に力任せに押したり，痛みを伴わせたり，本人に不快な思いをさせたりしていけません。それが一番厳禁です。やさしくゆっくり，じわじわと押します。あくまでも「心地よい」が目安で，**骨を触る，軽く押すことで，相手に骨の輪郭や硬さを感じてもらうことが目的です**。骨を押しても心地よいはずですので，相手はリラックスしていきます。相手を緊張させるようならやりすぎです。決して

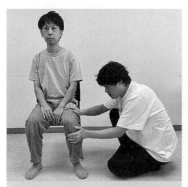

骨盤から足部まで，満遍なく押して骨を実感してもらう

膝を上から押して，骨が身体を支えてくれていることを実感してもらう

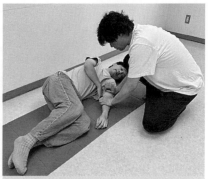

起き上がり介助の前に，腕の骨や肘の骨を実感してもらっている様子

無理はしないでください。**緊張した手で触ると，相手の筋肉も影響されて固くなるので，リラックスした手で触れましょう**（P.12参照）。

　骨にやさしく触れることで，**相手に「ここに骨がある」ということを実感してもらってください**。言葉で説明するのではなく，「実感してもらう」ということがポイントです。骨が身体の中に入っているという知識は常識のように思いますが，実感できることとは全く別物です。

　「骨揉み法」を行う際の決まった部位はありません。介助で動きにくい人がいれば，介助する前に「骨揉み法」を実施してみると，それだけで相手はとても動きやすくなることがあります。もちろん個人差がありますので，すぐに効果が出る場合もあれば，少しずつ積み重ねる必要もあることをご了承ください。

1）立ち上がりの介助の前に

　立ち上がり介助をしても，上手く立てずにもたついてしまう人がいると思います。そのような時はいったん落ち着いて，「骨揉み法」を介助の前に導入してみてください。やり方は単純で，骨盤のあたりから大腿部，下腿部，足と腰あたりから順番に押していきます。

　また，固い床も骨の性質と同じですので，足の裏を通して床を実感してもらいます。相手の膝を上から少し押して「床がしっかりしている」「膝に固い骨がある」ということを実感してもらってください。

　骨揉みをした後に立ち上がりの介助をしてみると，立ち上がりがしやすくなる場合が多いです（P.61参照）。

2）肘をついた起き上がり介助の前に

　肘をついて起き上がる場合に，肘に体重が乗らない場合があります。その時も無理やり肘に体重を乗せていくのではなく，肘周辺の骨や肩周りの骨を揉んで感じてもらいましょう。その後に起き上がりをしてもらうと，スッと肘に体重が乗ってスムーズに起き上がれることも多いです（P.39参照）。

3）あなたの身体が疲れている場合

　援助者の中にも，身体の筋肉が疲れてバキバキの人がいます。その人にも骨を丁寧に感じてもらうことで身体が楽になるだけでなく，動きやすくなります。時間があれば，全身をじ

んわり押すことで，身体のメンテナンスができます。その後に同じ介助をしてみてください。あら不思議，最初より楽にできるでしょう。

＊　＊　＊

ここでは具体例を3つ挙げましたが，丁寧に安全にするのであれば別に決まった方法はありません。ほかの介助にも応用できます。無理のない範囲で応用してみてください。

援助者にも骨を感じてもらって，身体のメンテナンスをしている様子

老後こそ骨は欠かせない

「筋肉は裏切らない」という言葉をときどき聞きますが，それを言うなら，骨こそあなたを裏切りません。骨はあなたが年をとっても，衰えても文句を言うことなく静かに安定して身体を支え続けてくれています。むしろ加齢により筋肉が衰えていく人ほど，骨を上手に使う必要があります。介護予防というと筋肉を鍛えること一辺倒ですが，**骨を上手に使えるようになると筋肉が老いても，最小限のエネルギーで効率よく動くことができます。**

年をとっても筋力を上げることはできるかもしれませんが，若い時に比べると難しいのはもちろんのこと，少し寝込むだけで衰えてしまいます。そんな時に骨を上手に使うことができれば，少ない力でも効率よく動くことができるのです。

ただ，骨も使われないと，少しずつですが脆くなっていきます。代表的な例で言うと，宇宙飛行士は無重力の中で過ごすことで骨粗鬆症になります。それは重力下で，骨を使う機会がなくなってしまうからです。地球上で骨が脆くなりにくいのは，重力下で常に私たちの身体を静かに骨が支えてくれているからです。私たちは動く時にいつも知らないうちに骨の恩恵を受け取っているのです。

よく考えてみると，マッチョの高齢者なんてほとんどいません。いてもテレビに出るぐらい珍しい人です。その辺を歩いている高齢者は，ほとんどが細い人です。それでもなぜ動けるのかというと，街で動いている高齢者のほとんどは，筋力があるというよりも骨の使い方が上手だからです。そう考えると，骨を上手に使うことがとても重要だと思いませんか？

まとめ

①「骨揉み法」は，楽に動くための画期的かつ効果的な方法です。
②骨を上手に使うことで，筋肉は楽に（柔らかく）なります。
③介助の前に「骨揉み法」を実施すると，動きが促進されて効果的です。
④骨こそ老いの頼れる味方です。

Information①

これからの時代をつくる「予防介助専門士」
～実践でこそ役に立つ資格

「予防介助」とは，質の高い介助を通して目の前の人が楽に動けるようになるかかわり方です（P.22参照）。人を元気にするために欠かせないスキルなのにもかかわらず，学びたくても適切に教えてくれるところがありません。だからこそ私は「予防介助」が学べる制度として，「予防介助専門士」をつくりました。

「予防介助専門士」は，寝たきりや重度化を予防するための介助を専門的に学び，認定を受ける制度です。この資格を取得するプロセスを踏むことで，自然で楽な動きを相手から引き出し，元気にするための介助を総合的に習得することができます。

人は知識だけで介助することはできません。いくら知識があっても，それを発揮する技術を磨かなければ，乱暴な介助にしかなりません。また，教科書を丸暗記したような知識はいざ実践の中で使おうとしても，実際には自分の体験が伴っていないので上手に活かすことができません。野球の解説書を読み込んでも，実際に練習しなければプロ野球選手になれないのと同じです。

「予防介助専門士」は知識だけで介助を学ぶのではなく，実際に介助する人，される人の体験を積み，身体に落とし込むことで学習します。良いことだけでなく，悪いことも含めて幅広く自分で体験するからこそ理解や技術が深まり，現場で活躍する人材になれるのです。

「予防介助専門士」の認定講座では，寝たきりや重度化を予防するためのポジショニングはもちろんのこと，寝返りやベッド上の移動，起き上がり，移乗，立ち上がり，歩行など全般的な技術を自分の体験を通して楽しく学ぶことができます。

この技術は，ただ人を運搬するためのものではなく，介助を受ける人が「できなかったことができるようになったり，今よりも楽にできるようになったりする」ことを支援するための技術です。さらに，そのための福祉用具の適切な使い方や選び方も学びます。これらは，ほかでは学習することができない内容です。

もし，本書の内容に興味がある人は，ぜひ「予防介助専門士」もしくは「予防介

助認定協会」でネット検索してみてください。私が時間をかけて育成した「予防介助認定教師」が，日本各地でセミナーを計画しています。日程や地域が合うところに申し込んでください。このコースに参加することで，本書の内容を直接自分の身体で体験しながら楽しく学ぶことができます。

　今でも寝たきりで苦しんでいる人はたくさんいます。また，寝たきりを予防していくことがこれからも必要です。年を取っても，穏やかに楽しく過ごせる社会をつくりたいのです。

　あなたの介助が「ただ人を運搬するだけの毎日」から「人を元気にするかかわり」に変わるなら，それは素敵なことだと思いませんか？　あなたのかかわりによって，利用者の人生が笑って過ごせるようになったら，すごいことだと思いませんか？

　しかも，あなた自身の身体も楽にしながら，仕事も楽しくなることを学ぶのです。それが「予防介助専門士」です。私は日々，そんな素敵な体験をしています。ぜひ，あなたもそんな毎日を「予防介助専門士」となって体験してみませんか？

　本コースの受講は，持っている資格などは問いません。体験学習なので，興味があれば誰でも楽しく学習することができるようにプログラムされています。介護士や看護師はもちろんのこと，自宅でご家族を看ている人や，リハビリ関係者なども歓迎です。ぜひ「予防介助」の輪を広げて，楽で楽しい社会をつくることに協力していただけるとありがたいです。目の前の大切な人を元気にしたい。その想いを一緒に叶えていきましょう。

興味がある人は
「予防介助専門士」
「予防介助認定協会」
で検索 →

第3章

動きを引き出す
ポジショニングの
実践

ポジショニングが難しいです。
どのようにすればよいのでしょうか？【part1】

  難しく思えるのは，行っているポジショニングに
根本的な間違いがあるからです。

　ポジショニングに苦手意識を持っている人が非常に多いです。「ポジショニングは得意ですか？」と聞いて，「はい！得意です！」と言える人はどれくらいいるでしょうか？　ポジショニングは奥が深いのですが，実は，そこまで難しくありません。難しくしているのは，これまでのポジショニングの常識のほとんどが間違っているからです。ここでは，今まで習ったポジショニングがうまくいかない理由を述べます。次項で具体的な考え方を紹介します。これを読むと，「だから上手くいかなかったんだ」と理解できるでしょう。

【ポジショニングの誤解1】 圧力を分散させる

　ポジショニングで最も言われているのが，「圧力を分散させる」という発想です。これは主に褥瘡予防の考えから発展したものと思われます。しかし，**「圧力を分散させる」という考えで褥瘡を改善することは，根本的に難しいのです。**

　圧力がかかるから褥瘡が発生するというのは間違いではないのですが，それ以前に，「私たち健康な人はなぜ同じところに圧力がかからないのか」を考える必要があります。私たちは普段，圧力を極力減らして寝ているわけではなく，常にゴソゴソ動いて圧力がかかる部分を変えながら生活しているので褥瘡ができません。

　では，単純に部分的にかかる圧力を分散させるとどうなるでしょうか？　一番効果的に分散させるなら，自分の体型に合った凹みに仰向けで埋まる必要があります。身体中のあらゆる隙間をなくすことで，身体全体と床との接触面積を増やし，圧力を分散させることが可能になります。つまり，柔らかいものに埋まっているか，隙間にクッションなどを入れることで，圧力は全身に満遍なく分散されます。これが多くの現場で行われている褥瘡予防のポジショニングです。

　確かに，圧力を分散させることで褥瘡はできにくくなりそうですが，身体を動かす空間や

隙間が全くない状態では，ゴソゴソと動くことは不可能に近いです。また，動けないので同じところに緩く圧力がかかり続けることになります。それだけではなく，動けないことであらゆる弊害が起こります。

身体中のあらゆる隙間をなくすことで身体全体が床に接触し，圧力を分散させることが可能だが動けなくなる！

その場しのぎの褥瘡対策になっていませんか？

　褥瘡は血液が循環しなくなって，組織に行き届かなくなることが問題なのですが，全身を動かすことができないと，全身に血液を循環させることができません。

　私たちの身体は，血液を循環させることで栄養や酸素を身体中に届けています。つまり，全身のあらゆるところに血液を運ぶ必要があるのですが，心臓だけがその仕事を行っているわけではありません。心臓は自らを収縮させることにより，血液をポンプとして「押し出す」ことはしますが，心臓に血液を戻すことはしません。では，どの場所が心臓に血液を戻すのかというと，それは筋肉の働きによるものです。全身の筋肉の収縮と弛緩によるポンプのような作用によって，血液を心臓に戻します。これは「**筋ポンプ作用**」と呼ばれています。循環を考えるのであれば，心臓と筋ポンプ作用が適切に働く必要があるのです。

筋ポンプ作用

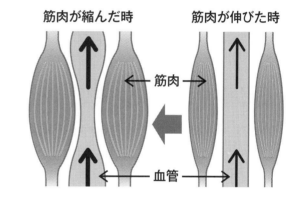

筋肉が縮んだ時　　筋肉が伸びた時

筋肉　　血管

　先述の隙間を埋めるようなポジショニングではゴソゴソと自分で動くことはできないので，全身の循環する力は大きく低下します。そうなると，血液を全身に届ける力も弱くなりますので，「褥瘡がすぐにできる体質」になります。つまり，圧力を分散させて動けなくされると，少し圧がかかるだけで血流が組織に行かなくなり，以前なら少し圧力がかかる程度では発生しなかった褥瘡の発生頻度が上がります。**圧力を分散して褥瘡を予防しているつもりが，容易に褥瘡ができる身体にしてしまう**のです。

　私たちが日常的に褥瘡ができない理由は，「圧を満遍なく取り除いているから」ではなく，「ゴソゴソと動くことで血流をしっかり保つことができているから」です。それでも同じ部分に圧がかかり続けると負担はかかるかもしれませんが，やはりゴソゴソと動くことで他の身体部分に圧が移り変わり続けるため，一時的に圧が局所的にかかっても問題ないのです。逆に健康な部分に圧をかけないと，人はまともに床を押すことができず，動くことができません。

　褥瘡の本質は循環障害です。循環できない部分に酸素や栄養が行かなくなり，壊死するのが褥瘡です。循環は心臓と全身の筋肉で主に行います。そのように考えると，褥瘡予防ということで圧の分散ばかりを意識して結果的に動けなくさせることは，循環をより阻害するこ

とになり本末転倒です。仮に除圧をすることによってその部分は治ることがあっても，確実に褥瘡ができやすい体質にしているのです。そして，ほかの部分に褥瘡をつくるとさらに除圧し，さらなる褥瘡体質をつくるという悪循環にはまります。解剖学を適切に理解できれば，これがどれだけ矛盾しているかということがわかります。人間の構造に沿って褥瘡を軽減するには，除圧ではなく，**「ゴソゴソする」ということをポジショニングの目的にする必要があります**。もちろん，褥瘡があるところに圧力をかけろと言っているわけではありません。褥瘡がある部分は保護しつつ，それ以外の部分でゴソゴソと動いていく必要があります。

　ほかにも動けないことによる弊害はたくさんあります。沈下性肺炎（肺に雑菌が繁殖する）や誤嚥リスクを悪化させること，身体的苦痛の悪化，拘縮の悪化など，さまざまな悪影響があります。動けないことによっていろいろなリスクがあるにもかかわらず，褥瘡のことだけを考えてもよいケアとはなりません。圧力を分散して褥瘡は治ったけれども，そのせいで廃用が悪化し身体状況が悪化して亡くなった…なんてことになれば元も子もない話だと思いませんか？　しかし，これが実際によくあることなのです。

　つまり，褥瘡や廃用を予防するだけではなく，身体の健康を保つためにも，圧力を分散させて動けなくさせるのではなく，ゴソゴソ動いてもらえるようなポジショニングと，それを実践するためのアイデアが必要なのです。

【ポジショニングの誤解2】まっすぐにする（ねじれてはいけない）

　これも非常によく聞く考え方ですが，実は間違っています。このように考える人は，寝たきりの人に寄り添うことができていません。あくまでも元気な人の理屈でしかないのです。関節が柔らかい人は過度にねじれるより，まっすぐの方が楽だと思うかもしれません。しかし，ポジショニングが必要な人というのは，当然ながら変形や拘縮が強く，身体もすでにねじれている人が大半です。このような人に「まっすぐの方が楽だ」と押しつけて，無理やりまっすぐにするとどうなるでしょうか？

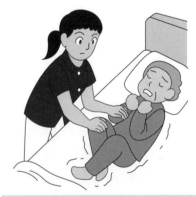

拘縮のある人は無理やりまっすぐにされるととても苦しい

　実は**無理やりまっすぐにされると，とても苦しいの**です。身体の緊張は高まり，よりカチコチになっていきます。緊張が高まると当然，ゴソゴソと動くことはできないので，より身体状況は悪化していきます。まっすぐになったけれど，全く動けなくて苦しいなんて，しゃれになりません。何のためのまっすぐなのでしょう？まっすぐにすることで呼吸が楽になると説明する人もいますが，無理やりまっすぐにしても緊張は高まり，呼吸が楽になるなんてことはありません。むしろ，とても苦しい呼吸を強いることになります。単純にまっすぐにすればよいというものではありません。

　身体はねじれていてもよいのです。まっすぐにしなければならないという発想は，ポジ

ショニングを余計に難しくさせます。私たちは普段どのように寝ているでしょうか？　まっすぐ棺桶に入ったように寝ている人はいますか？　そういう人もいるかもしれませんが，寝相が悪く動き回っている人もいることでしょう。それが自然なことなのです。

実は，まっすぐなのがよいとか，ねじれているのがよいというのは問題ではありません。**問題の本質は「ずっと同じ姿勢でいること」**です。じっとしているから人間はしんどくなるし，循環も阻害されるわけです。したがって，いろいろな体位をとってゴソゴソと動いた方が，褥瘡予防のためにも，心身の健康のためにも必要なことです。まっすぐで同じ姿勢も苦しいし，ねじれて固まっていても苦しいのです。

「まっすぐにしなければいけない」という思い込みが，その人がとれる体位の選択肢を減らしてしまいます。まっすぐにすることが苦しい人を，無理やりクッションでまっすぐにしても，上手くいくわけがありません。ある一定のポジションだけにこだわることが問題なのであって，楽であればいろいろなポジションをとってもらった方が，その人はより楽で健康になれます。

【ポジショニングの誤解3】クッションを挟み込む

拘縮予防のために，例えば膝と膝の間や脇の下などに無理やりクッションを挟み込んだ経験はありませんか？　関節を広げることで拘縮を予防しているように思えるかもしれませんが，実はこれ，逆効果なのです。詰め込めば詰め込むほど，拘縮は悪化してしまいます。

私たちの動きには「**見えない動き**」というものがあります。特に**身体の緊張が高い状態で無理やり動かそうとすると，無意識に反対方向に抵抗してしまう**動きです。

クッションを無理に詰め込めば詰め込むほど，人は無意識にそれに抵抗しようとします

クッションを詰め込めば詰め込むほど，寝ている人は無意識にそれに抵抗しようとします。この状態は拘縮を悪化させるだけでなく，**クッションを入れられている人はとても苦しい**のです。

その人は自分で寝るだけでも，頑張って緊張して寝ているわけです。そこにクッションに

抵抗するという仕事まで入ると，どれだけしんどいか想像に難くないと思います。

　寝たきりの人は自分で苦しいと言うことができない人が多いです。私がかかわった人でも，無理やりクッションを入れられている時は「うぅ〜，うぅ〜」と，とても苦しい声を上げながら寝ていました。しかし，ポジショニングを適切にすることで，そのような声は全く出なくなったケースもあります。奇声のように思えた声は，実は「私は苦しい」という言葉にならない訴えだったのです。拘縮の原因は緊張から始まりますから，拘縮予防のために無理やりクッションを詰め込んでいるのなら，それは身体の緊張を高め，拘縮のリスクを高めることになり，本人が苦しいだけではなく，逆効果であり誰も幸せになりません。

　また，クッションを無理やり入れられることで緊張が高まり，筋肉は縮んだまま固まるわけですから，筋ポンプ作用は起こりにくくなります。筋肉が収縮したままだと血管も圧迫され，血液の通り道も細くなります。拘縮予防ということで無理やりクッションを詰め込んだことで褥瘡体質になり，褥瘡が悪化することも珍しくありません。

ポジショニングは楽で動きやすくするもの

　本項では「ポジショニングの３つの誤解」を紹介しました。多くの人がよかれと思ってやっていることかもしれません。しかし，これらのポジショニングをされている人は苦しくなり，健康が悪化することばかりなのです。

　これらの３つの誤解をしたままでは，いくら工夫をしてポジショニングを行っても上手くいきませんから，ポジショニングが難しいと思うのも当たり前の話です。本当のポジショニングは，利用者にとって楽で動きやすくなるものです。**「そこにクッションがあると助かる」****「楽だ」と感じてもらえるものが，本来のポジショニング**です。次項では，具体的なポジショニングの考えを紹介していきます。

まとめ

①圧力を分散させるだけでは廃用は悪化します。
②無理やりまっすぐにしても楽にはなりません。
③無理やりクッションを詰め込むと，拘縮は悪化します。
④元気な人の理屈で考えるのではなく，寝たきりの人の視点で考えましょう。

こちらの動画もチェック！

余計に難しくしている
ポジショニングの誤解
３選
上手くいかないのは
誤解しているから
10:19
ポジショニングの誤解【3選】セミナーを受けてもあなたが難しいと…
https://youtu.be/RxnD4NcjEtA

まっすぐが正しいわけではない！？
楽に座る
支援と考え方
長時間座るために…
16:36
プロでも誤解しやすい座位の支援【生活支援・リハビリ・ポジショ…
https://youtu.be/CM5g6S3-4YM

ポジショニングの質で人生が変わる

　ポジショニングは，職種に関係なく介護や医療の現場の人にとって，利用者・患者の廃用や重度化を予防するための最重要スキルです。急性期から慢性期，在宅で生活している人まで，特に重度の人にかかわるためには欠かせないスキルです。しかし，高齢者が内臓の手術などで「歩いて入院して，術後，廃用予防のポジショニングがされていないために，寝たきりになって退院する」という笑えない話も実際には存在します。その多くが，入院中にベッド上でただ寝かされているだけなので，病気が治っても，膝や股関節などが固まってしまい，退院する時にはまともに座ることもできなくなり，寝たきりで生活を送ることを余儀なくされているのです。

　退院後に寝たきりで過ごすのと，歩いて過ごせるのとでは，その人の人生は大きく異なります。それは介護する家族の人生さえも変えてしまいます。さらに，廃用を長期的に見ると肺炎リスクを高め，寿命を縮めます。入院の原因であった病気は治ったけど，廃用性の肺炎で亡くなったなんて，とてもつらい話です。しかし，現実には珍しくない話なのです。

褥瘡予防だけが目的ではない

　ポジショニングの目的は褥瘡予防だと思っている人もいますが，それだけではありません。一番大切なのは，身体の廃用を予防し，重度化リスクを下げることです。できるだけ自分で動ける状態をキープしたり，改善したりするためにポジショニングを行います。その中の目的の一つに，褥瘡予防があるというだけです。

　適切なポジショニングができれば，寝たきりになるリスクを減らすことはもちろん，関節の拘縮や筋力低下も予防します。病院で治療を受けていても，病気を治しつつ，同時に回復した時に身体が衰えないようにポジショニングを適切に支援することが重要です。それなのに褥瘡予防の視点だけでポジショニングを学ぶのは，非常にもったいないことです。

　患者の希望は，病気を治すことはもちろんですが，「病気を治して元の状態に近い生活を送りたい」ということだと思います。「病気さえ治れば，全身が固まって寝たきりになっても私は全然気にしない」と心の底から思える人は，ほとんどいないでしょう。

誤ったポジショニングが人生を壊す

　現場では，ポジショニングについて誤解していることがあまりにも多く，そのため間違ったポジショニングをしている例も多く見受けられます。例えば，「車いすの足の角度は股関節90度，膝90度，足関節90度であることが良い」と本気で思っている援助者もいます（援助者が悪いわけではありません。それを教えている人が悪いのです）。私が見た例ですが，

高齢者の拘縮や片麻痺などで足の緊張が強く，上手く
フットサポートに足を乗せることができない人に対し，
なんとフットサポートに布切れやマジックテープで無理
やり縛りつけることがあるのです。それで見た目上は
90度になるのですが，無理やり90度にすれば，その人
の足の緊張はより悪化し，今はかろうじて立てたとして
も，すぐに自分で立つことができなくなります。自分で
立てないということは，自分でトイレに行けないので，
人に手伝ってもらう必要があります。自分でトイレに行

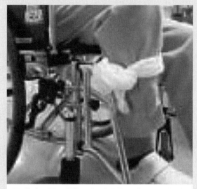

足を無理に縛るとより固まることも

けるか行けないかで，家で過ごせるかどうかにも大きくかかわってくるでしょう。場合に
よっては，在宅での生活をあきらめるか，おむつの生活にならざるを得ません。座位にも影
響が出るため，座った動きも制限されます。ご飯が食べにくくなったり，長時間座ることが
苦痛になったりするでしょう。その悪循環で寝たきりが早まります。たった布切れ一枚が，
その人の人生を大きく変えるのです。あの時，足を車いすに縛りつけられていなかったら，
その人の足に合った適切なポジショニングができていれば，今でもその人は自宅で元気にご
飯を食べていたかもしれません。援助者はよかれと思ってしたことも，適切な教育がされな
いばかりに，布切れ一枚でその人の人生がひっくり返るくらいの悪影響を及ぼしてしまうの
です。

　ほかにも，踵の褥瘡予防のために，アキレス腱にタオルを3枚ほど丸めて踵を浮かせると
いう方法をしている病院や施設をよく見ます。本当にこれはよくありません。踵を浮かすこ
とで，もしかすると踵の褥瘡は改善するかもし
れませんが，アキレス腱で支えることで膝の緊
張は高まり，足全体が棒のように曲がらなくな
ることがあります。足首は「尖足」という尖っ
た状態で固まってしまうことも多いです。そう
なると，脚は一つの棒のようになり，まともに
座ることができなくなるので，ベッドで寝て過
ごす人生を送ることになります。適切にポジ
ショニングがされていれば，膝も足首も固まる
ことなく座れた可能性が高いのに，たったタオ
ル3枚のせいで，その人は苦痛の中で寝たきり
生活を送る人生を余儀なくされるのです。廃用
により亡くなるリスクも上がりますし，実際に
寝たきりで身体が弱るわけですから，寿命も縮
むと思います。そのタオル3枚が適切に使われ
ていたら，ポジショニングが適切ならば，食卓

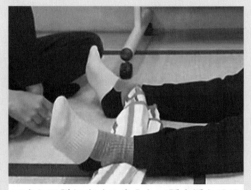

アキレス腱にタオルを入れて踵を浮かせる
のはNG

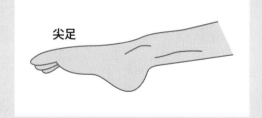

尖足

で家族と団欒したり，夫婦で散歩に行ったりすることができたかもしれません。もしかすると，今も元気で生活しているかもしれません。そんなことが現実問題として本当にたくさんあるのです。

リハビリで廃用を解決する？

　病院では理学療法などによって，「関節が固まらないようにリハビリしてくれているじゃないか」と思うかもしれません。しかし，彼らは24時間そばにいて，関節を動かしてくれているわけではありません。1日に長くても数十分程度，場所によれば週に2回程度なんていうところもあります。ほかの時間は廃用が高まるような状態で過ごしているのに，その短時間のリハビリだけで廃用を解決するのは無理があります。

　また，寝ているだけで大変な状況の人に，適切なポジショニングをしないまま可動域訓練を行うことは，身体の緊張が高いまま動かされることによって，それに抵抗するための仕事を増やすことになります。その人はさらに苦しくなり，緊張が高まることも珍しくありません。可動域訓練をすることで緊張が高まって，伸ばされた形でさらに固まっては本末転倒です。

　やはり，可動域訓練で効果を出すためにも，まずは適切なポジショニングをして，リラックスしてもらう必要があります。リラックスして寝ているから手を動かされても緩むことができるし，少し動きが引き出されることもあります。関節を動かす前に，相手がリラックスできているかどうかの確認を最優先してください。そこから可動域訓練をすることをお勧めします。

　適切なポジショニングを行うことは，24時間の動きの支援にもなります。逆に言うと，事前のポジショニングによってリラックスした状態でリハビリを受けることで，効果が高まりやすいのです。廃用リスクの改善は，適切なポジショニング抜きに語れるものではありません。

介助する人も楽になる

　介助というと，どうしてもその場面だけで何とかしようと考えがちですが，その人の緊張や拘縮というのは今起こったものではなく，「少しずつ蓄積される」ことによって発生したものです。つまり，「今まで過ごしてきた影響が，今の身体状況に出ている」ということです。

　介助する前から適切なポジショニングができていると，身体の緊張は緩み，とても介助しやすくなります。「いつもあの人は身体がカチカチだ」という人には，その場で解決しようとするのではなく，それ以前のポジショニングから見直すことをおすすめします。

　普段から楽に寝ることができていない人が，介助される時だけ身体が緩むことはありません。リハビリ同様，介助とポジショニングはセットで考える必要があります。普段からの丁寧なポジショニングが介助のしやすさにつながり，さらには介助する人の腰痛の負担軽減になるのです。

楽に過ごすことの素晴らしさ

　ポジショニングは重度化を予防するためにも，機能を高めるためにも重要だという話をし

てきましたが，同じくらい大切なことは「楽に過ごすためでもある」ということです。寝たきりの人の中にも，いろいろな状態の人がいます。私が紹介した取り組みで機能が高まればそれに越したことはありませんが，機能が高まりにくい人も当然いると思いますし，適切にポジショニングができたからといって，明日から固まっていた手足が嘘のように動くかと言えばそうではありません。重要なのは「積み重ねをする」ということです。

しかしながら，その「積み重ね」ができない体力の人がいるのも事実です。残念ながら，間もなくお亡くなりになる人もいるでしょう。その人たちに対してポジショニングは意味がないのか，と思われがちですが，「苦痛から解放する」ということが，どれだけその人の人生の中で大きな意味を持つでしょうか。最期の時間を苦痛に満ちた時間の中で過ごすのか，それとも少しでも安楽な状態の中で死を迎えるのか，死を迎えなくても，今苦痛の中で寝ている人が楽に寝ることができただけで，その人は救われています。それだけでも素晴らしいことだと思いませんか？

少し考えていただきたいのですが，もしあなたが寝たきりで，体はねじれたまま固まり，頭は反り返り，手足は曲がったままの状態で空中に浮いている…そのような状態で毎日過ごさなければならない…ということが，どれだけ苦痛なことかわかりますか？ 言葉で訴えたくても，もうその能力もありません。それを毎日，毎月，数年にわたり，そのように過ごしている人がいるのです。ますます関節も固くなっていくでしょうし，血流の循環も悪くなるでしょう。その時，その姿勢でも楽に寝ることができるポジショニングをしてくれる人がいたらどうでしょうか？ あなたにとって，その人は救世主と言える存在になるでしょう。言葉にはできなくても，長年の苦痛から救われるのですから，涙が出るくらい嬉しいことだと思います。ポジショニング次第で，その人の身体の動きが変わり，健康も人生も，その後の寿命だって大きく変わります。

人の援助をしていると，「この方法やアプローチで改善するかどうか」ばかりの視点で見てしまいがちです。しかし，その人を苦痛から解放し，楽にさせてあげられるだけで，とても素晴らしいことだと思います。今後改善していくかどうかはわからなくても，少なくとも，今夜安心して楽に寝ることができる…それだけでも大変意味があることですし，ポジショニングをする価値があります。

楽に寝てもらわないと機能が改善されないのは間違いないのですが，機能を改善するために楽に寝てもらうだけでなく，その人の人生を豊かにするためにも，「楽に寝てもらう」という目的も重要なのです。寝たきりの人の機能が改善しにくいので，何をすればよいのか迷われる援助者も多いと思いますが，「今より楽に寝ることができた」…そんな目標も素晴らしいと思います。

【17】ポジショニングに欠かせない原理
目指すのは「正しさ」より「楽さ」

  ポジショニングが難しいです。
どのようにすればよいのでしょうか？【part2】

  ポジショニングを支援するための一番重要な
考え方（肩代わりの原理）を紹介します。

前項では「ポジショニングの誤解」について説明しましたが，ここではポジショニングを実施する上で欠かせない考え方を紹介します。適切に実践するためには，大きな発想の転換が必要になります。

【注意】ここでは医療的に特殊な例を除きます。医師の指示などで特別な体位を支援する必要がある場合は，そちらを優先してください。

「正しい姿勢に矯正する」は間違い

　私たちは知らないうちに，「正しい姿勢」という呪いにかかっています。「人類は普遍的に，このような姿勢をとることが正解だ」と思っている人がとても多いです。はっきり言うと，そんなものは存在しません。仮にそれがあっても元気な人だけのためです。

　ポジショニングが必要な人は，四肢が曲がって固まっていたり，背骨が飛び出してよじれて固まっていたりする…そんな人がほとんどです。ましてや人によって拘縮状態の違いもあり，そのような人に無理やり「正しいとされる姿勢」に矯正しても苦しいだけです。

　私たちが目指すべきは，「その人が楽な姿勢」の支援です。これには発想の転換が必要です。いったん「正しいとされる姿勢」を手放して，「今のままの姿勢を楽にする」ことを考えます。多くの人は，「正しいとされる姿勢」にポジションを整えることがポジショニングだと思っていますが，それでは結局「無理やり」を強いることになります。いくら教科書的に楽と言われる姿勢でも，無理やり強いられた姿勢はやはりつらいのです。

　真のポジショニングスキルとは，姿勢を「決まった型に矯正するようなもの」ではなく，**「どんな姿勢でも楽にするスキル」**です。体がねじ曲がっていようが，手足が曲がっていようが，その状態でも楽に過ごせる。現場で求められるのは，そのようなポジショニングスキルなのです。それができて初めて，いろいろな人を援助できるようになります。

「肩代わりの原理」を理解する

　ポジショニングに欠かせないのが「**肩代わりの原理**」です。ポジショニングスキルの説明に入る前に，まずそれがどういうものかを説明します。簡単な実験ですので，できれば読みながら体験して理解することをお勧めします。

【準備】バスタオル2枚（枕でも構いません）と，いすを用意してください。

1. いすに座った状態で片方の膝を上げます。その時，その足を浮かしたまま左右に足を動かしてください。

2. バスタオル2枚を丸めて塊をつくります。先ほどと同じように膝を上げます。さらに丸めたバスタオルを膝の上に置いて，そのまま1と同じように足を浮かしたまま，その足を左右に動かしてみてください。

　どちらがしんどいでしょうか？　また，どちらが左右に揺らしにくかったでしょうか？多くの人がバスタオルを乗せた時の方がしんどく感じ，左右に揺らすことも努力的ではなかったでしょうか？　なぜ，バスタオルを膝の上に乗せた時の方がしんどかったのでしょうか？

　動きを「仕事の量」として考えるとわかりやすいです。ここまでの実験では，最初に「片足を上げる」という仕事をしていました。その上にバスタオルを乗せるということは，バスタオルも含めて足を持ち上げるので，仕事が余計に増えた分しんどく感じたのです。また，バスタオルを乗せた方が左右に動かしにくくなったのも同じ理由です。バスタオルを持ち上げる仕事が余計に増えた分，身体全体の使える資源が減ったため努力的になっているのです。

　日常生活で考えると，重いバッグを抱えた時は歩きにくくなるという現象も同じです。バッグを持ち上げるという仕事をしているから，歩行に使う資源が減っているのです。だから大きな荷物を持って歩くと，疲れやすくぎこちなくなるので，荷物を手放すと楽に歩けます。それと同じ現象がポジショニングでも起こっているのです。

　ここでさらに実験を進めます。

3. 同じように膝を上げるのですが，丸めたバスタオルの上に足を置いてください。そして，左右に膝を動かしてください（※高さが足りない場合はバスタオルを増やすか，足置きやクッションなどの大きなものを使用してください）。

どうでしょうか？　先ほどよりもとても楽ではないでしょうか？　また左右に動かすのも努力感がほとんどなかったと思います。

これは，バスタオル（またはクッション）が足を持ち上げることを「肩代わり」した状態です。そのおかげで，膝を持ち上げる仕事をほとんど行う必要がなくなりました。先ほどの実験では「膝を上げる＋左右に動かす」だったものが，「膝を上げる仕事」をクッションが肩代わりすることによって，「左右に動かす仕事」だけになりました。その分，余裕を持って膝を左右に動かせるので非常に楽になります。

これが「肩代わりの原理」です。身体が行う仕事をバスタオルやクッションが肩代わりすることで，その人の努力感は減り，緊張が緩和することによって余力が生じ，違う動きができるという仕組みです。

「肩代わりの原理」をポジショニングに使う

ここまでの説明をまとめると，基本的なポジショニングの戦略は「**まずは目の前の姿勢を尊重しながら，『肩代わり』という考えで楽にする**」ことです。

寝たきりの人に触れるとわかると思うのですが，「なぜこんなにずっと力を入れ続けることができるのか？」と思うほどカチカチなことが多いです。つまり，寝ているだけでも過剰に緊張を高めて努力している状態なのです。仕事としては一杯一杯で，ほかのことをする余裕はありません。当然ゴソゴソ動く余裕もありませんから，じっと動かず固まっている人が多いです。

その状態で無理やりクッションを入れられると，どのようになるでしょう。寝ているだけでも身体はしんどいのに，さらに「クッションに抵抗する」という仕事が増えることで，さらに余裕がなくなります。何もしない時よりも苦痛が広がり，身体の緊張をより高めて，ますます力が入るだけです。それは「肩代わり」ではなく，仕事の「押しつけ」です。

逆に，今している仕事を「肩代わり」してあげることができれば，その人は寝ることに努力感が軽減され，楽に過ごせるばかりか，少し余裕ができれば，その力を使ってゴソゴソ動くということが可能になるかもしれないのです。

わかりやすい例として，両膝が曲がって足が宙に浮いている状態の人を考えてみましょう。このような人を矯正しようとして，よくクッションを両膝の上に置きますが，これは非常につらいのです。

ただでさえ「足を上げて寝ている」という仕事をしているのに，さらに「クッションを挟み込み，

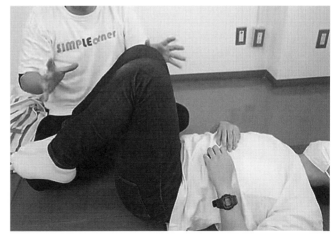

それを支える」という仕事が増えてしまいます。会社員で言うと、残業までして一杯一杯のところに、さらに新しい仕事を指示されるようなものです。たまったものではありません。

これも逆に考えてみましょう。この人は足を上げることに努力的になってしんどいわけですから、「足を上げる仕事」を肩代わりすればよいのです。つまり、自分で足を上げなくてよいように、足の下にクッションを置くと「自分の足を持ち上げる仕事」をしなくて済むので楽になります。会社で言うと、残業する仕事の一部を上司が肩代わりすると、その人の負担は減ることになります（※説明のために簡略化していますが、実際のポジショニングでは膝が倒れないように左右にもたれかかれるようにすると、より楽になります）。

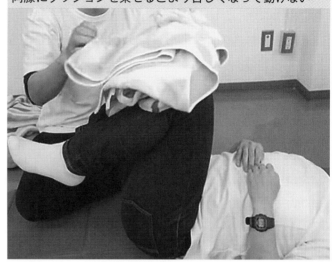

両膝にクッションを乗せるとより苦しくなって動けない

足の下にクッションがあることで「肩代わり」が起こり、楽になるので動く余裕が生まれる

「肩代わり」がきちんとできれば、足を持ち上げる仕事はしなくて済みますから、余裕が生まれます。その余裕があって初めてほかの仕事ができるようになります。寝たきりの人にとってのほかの仕事とは、「ゴソゴソする」ことになります。つまり、ポジショニングでゴソゴソ動くことを促すためには、まず目の前の人の仕事を減らしてあげる「肩代わりの原理」で楽に寝てもらうことが必要です。

私たちは**楽に寝ることができるからこそ、ほかの動きをする余裕が生まれます**。これはどんな体位でも同じです。座位や立位も楽にとることができるから、座って食事をとることも歩くことも可能になります。座位や立位を保つだけで一杯一杯だと、ほかに何もできません。体位の支援は、最初に努力感を減らすことが重要です。

まず、楽に寝てもらうことで動きの余裕をつくる。これを叶えるためにクッションを使って、**「肩代わりのポジショニング」**を行います。クッションが本人の仕事を肩代わりしてくれることで緊張が抜け、ゴソゴソ動くことのベースが整うのです。緊張が抜けることで、「ゴ

ソゴソを支援する介助」を行うことも楽になりますし，介助を通じて動きを再学習し，寝たきりの人も自分で行う可能性が高くなります（P.47参照）。

介助の前に普段のポジショニングを把握しよう

もしあなたが寝返り介助をしようとして，目の前の人の身体がカチカチだったら，それまでのポジショニングが不適切だったという可能性があります。介助を一場面的なものとしてとらえるのではなく，その前段階のポジショニングが適切かどうかを把握しましょう。

もし無理なポジショニングをしているなら，目の前の人の身体はどんどん固くなり動かなくなるので，寝返り介助が行いにくくなるのは当然のことです。逆に，適切なポジショニングを普段から行うことで，目の前の人の緊張は緩み，介助も行いやすくなります。

まとめ

①正しい姿勢に矯正するのではなく，どんな姿勢でも楽にする技術を磨きましょう。
②ポジショニングに必須の「肩代わりの原理」を使いましょう。
③ポジショニングを適切に支援することが，ゴソゴソ動くためのベースになります。
④ポジショニングを適切にしているかどうかで，介助の行いやすさが大きく変わります。

こちらの動画もチェック！

知らない人は損している
ポジショニング
最重要スキル
14:08
【最重要】ポジショニングの大原則
褥瘡、廃用、拘縮予防
https://youtu.be/8gnzzwVMR3s

Q.下肢の拘縮の
アプローチを
教えてください
無理に動かせば骨折に！？
おむつ交換にも役に立ちます
11:39
Q.下肢の拘縮のアプローチを教えて
ください【可動域訓練・おむつ交…
https://youtu.be/x72e1s0Hhnk

車椅子のフットレストの合わせ方
難しい知識
0
10:07
【世界一簡単で効果的な】車椅子の
フットレストのあわせ方
https://youtu.be/q3ZTerNNaik

【18】ポジショニングの方法は 千差万別
自分の手で相手の身体を触って確認する

 Q ポジショニングが難しいです。
どのようにすればよいのでしょうか？【part3】

 A 現場でポジショニングを成功させるための
大切なポイントを紹介します。

　ポジショニングの目的は，相手に楽に寝てもらうと同時にゴソゴソ動いてもらうことが大切で，そのために「肩代わりの原理」を使うということを前項でお伝えしました。今回は現場でポジショニングを実践する上で，さらに役立つ考え方を紹介します。

ポジショニングの型を統一しない

　私たちは健康を維持するために，常にゴソゴソ動く必要があります。ゴソゴソ動くことを繰り返すことで，身体の緊張が変化して楽に動けるようになります。「ポジショニングの型を統一する」ということは，それらを無視して「決まった型」を相手に押しつける行為になり，より動けなくしているかもしれません。それによって，どんどん多様性は損なわれ，利用者の身体は限られた型に固まり，自ら動けず元気のない人ばかりになってしまいます。

　「統一する」というと聞こえはよいのですが，言ってみれば「ほかの可能性の排除」です。私たちはその人のいろいろな可能性を見つけていく必要があるのですが，**統一した時点で，「その人の可能性をつぶしたことになる」**と言っても過言ではないのです。

　ポジショニングの型を統一するのは，「この方がマシだ」という時だけです。例えば，高齢者が高齢者の介護をする必要がある場合などで，「これだけは守って」と壁にポジショニングの写真を貼り付けることがあるかもしれませんが，それも「何もしないよりマシだ」ということで行うにすぎません。しかし，それはプロのすることではありません。

体位のバリエーションを少しずつ増やす

　その人にとって楽な体位をとることができたら，今度はそのバリエーションを増やしていくことを考えます。ゴソゴソすることが大切だと訴えてきましたが，ゴソゴソすることを厳密に考えると，**小さく体位が変わり続ける**ということです。つまり，身体の緊張が緩んだり，

状況が少し変わったりすれば，それに合わせて少しずつ姿勢の角度を変えてみましょう。

体位を大きく変化させることは無理やりになることが多いので（負担がなければ大きく変えてもありです），小さく変化させることを積み重ねていきましょう。ねじれの角度が少し変わる，手足の位置が少し変わる…そんなことで構いません。いろいろな違いを，無理のない範囲でサポートしましょう。

クッションは詰め込んではいけない

ポジショニングというと，クッション（もしくはそれに代わるもの）を当たり前のように使っていますが，実際のところ「何のために使っているのか」を考えたことはありますか？

よくある間違いが，相手の「姿勢を矯正する道具」のようにクッションを使うことです。無理やり詰め込んだりして相手の身体を決まった型にさせようとするのですが，これは本来のクッションの使い方ではありません。

クッションは「もたれる」ためにあります。**上手にもたれるから，「肩代わりの原理」によって楽になります**（P.103参照）。私たちも普段クッションを，そのように無意識的に使っていることが多いと思います。自分にクッションを無理やり詰め込むなんていう使い方はしていませんよね。

クッションは身体のどこに置けばよいか？

クッションは身体を支えるためにありますから，身体を支えやすい場所に置くのが基本的なセオリーです。もう少しわかりやすく言うと，**「固くて安定している場所」**に置きます（写真中の色着け箇所）。

普段，私たちが使用している枕もクッションの仲間なのですが，後頭部に置くのは固くて安定しているからです。誰もうつ伏せで，顔面や鼻でもたれようとはしませんよね？　柔らかい部分は体重を乗せるのに適していないからです。

また，柔らかい部分は生命を維持する上で重要な部分が多いです。当然ですが，うつ伏せで鼻からもたれると呼吸ができません。身体は，不安定な面と安定している面に分かれます。

頭の後面，背中，お尻，足の裏などは体重が乗りやすく，クッションを設置しやすいのですが，顔面，胸部，おなかなどは体重が乗りにくく，そこにクッションを置くことはおすすめしません。ま

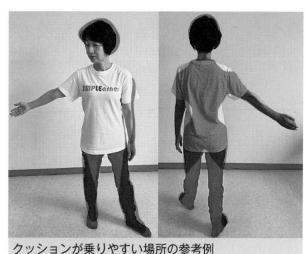

クッションが乗りやすい場所の参考例

た，よく動く関節も避けた方がよいでしょう。身体の大きさによって個人差がありますので，どの場所に体重が乗せやすいかは，実際に触って確認することをおすすめします。

適切なクッションの素材は？

クッションは上手にもたれてもらうために使いますので，固すぎず柔らかすぎないものを選ぶことをおおすめします。これだと抽象的な表現になるのですが，実際に体重をかけてみて，「クッションが快適に支えてくれるだろうか」と身体で判断すればよいと思います。人によって好みもあると思います。ただし，よく使われている三角クッションは固すぎます。

固すぎるクッションは身体の形に合わせてくれないので，どうしても窮屈感や矯正感が出てしまい，もたれても快適ではありません。逆に，柔らかすぎる例としてはビーズクッションです。密度にもよると思いますが，身体が埋まってしまって抜け出せないものが多いので，避けた方が無難です。

おすすめは，綿がしっかり詰まった固めのクッションがよいでしょう。もちろんほかの素材でもよいのですが，実際に自分でもたれてみて快適に身体を支えてくれるかどうかを判断してください。リーズナブルに済ませたい場合は，バスタオルやタオルケットを丸めたものをおすすめします。適度に支えてくれて，汚れても洗うことができます。汗も吸収してくれるので，素材として優秀です。ただ状況によっては，小さいものだと枚数が必要かもしれません。見る目を養えば，クッションはホームセンターで売っている安価なものにも十分良いものが

固すぎる…

柔らかすぎる…

あります。また，表面の素材も重要です。合皮のようなものは，汗をかきやすく夏場は使えません。表面がツルツルしているものは，滑りそうになって身体がもたれることはできません。まずは**フワフワ，カチカチ，ツルツルは避け**つつ，その人に合うものを選びましょう。

クッションを当てる前に手を使おう

クッションを使う際に，どの場所に置くのが最適かを探る必要があります。その時にクッションを持って，いろいろなところに当てるのは大変です。ですので，いきなりクッションを相手の身体に当てるのではなく，まずは**援助者が自分の手を使って相手の身体を支えてみて**ください。手で支えることで相手の助けになり，楽そうなら，そこにクッションを手と同じように置けば大丈夫です。

また，支持面と身体の圧力具合を確認したい場合も，自分の手を相手の身体に差し入れると概ねわかると思います。よく体圧分散計などを用いることもありますが（学会に発表したい場合は必要かもしれませんが），現場の実践では必要ありません。それよりも，自分の手というセンサーを使う方が便利で高性能です。

エアマットや低反発マットレスに注意

マットレス自体が安定していないと，ポジショニングを成功させることはとても難しくなります。エアマットの特性として，体圧は分散してくれますが，支持面は不安定でまともに押せなくなり，マットレスに埋まっている状態になります。そこに寝る本人は自ら動くことがとても難しくなります。はまり込んで柔らかいものの上で動くには，相当の力が必要になります。そうなると，自らゴソゴソ動くこともできなくなり，それを支援するような介助もやりにくく，介助の負担も増大します。

とても重要なことですが，**エアマットは一時的に褥瘡のリスクを軽減しますが，廃用を予防するものではありません。使用している人は身体を動かしにくくなるため，むしろ廃用は進行します**。現場にサポート力がない場合は，エアマットも必要な選択になりますが（P.122参照），適切にポジショニングをして廃用を予防していきたい場合は，普通のマットレスもしくは高反発マットレスの導入をおすすめします。

低反発マットレスも，エアマットと同じ特性から基本的にはおすすめしません（ただし，エアマットなどを使用したとしてもポジショニングはした方がよいです）。エアマットを一度使用すると，廃用が進み身体は弱りますから，元に戻すにはかなり丁寧なかかわりが必要です。エアマットを長時間使用することで動かないことに慣らされてしまい，普通のマットレスに戻ると身体が適応できず，逆に褥瘡が発生するといったリスクもあります。その場合はポジショニングだけでなく，ゴソゴソ動くことを促す介助も充実させながら，マットレスの切り替えを慎重に行う必要があります。エアマットから普通のマットレスに戻ることが不安な方は，普通のマットレスよりファイバー系の高反発マットレスを先に導入するのも手です。物にもよりますが，高反発といっても普通のマットレスよりも弾力があって柔らかめです。適度な弾力が，ゴソゴソ動くことを手伝ってくれます。といっても，道具だけで解決する問題ではなく，周囲のサポート力など総合的に考えていく必要があります。

いずれにせよ，エアマットを安易に導入するのではなく，ポジショニングのスキルがない，実践する人がいない，ゴソゴソを支援する介助もできない，やけどや全身の状態の悪化などで相手は動くのもつらい。それでも褥瘡を予防したい。そんな場合の最終手段として，エアマットを使うぐらいがちょうどよいと思います。私もその状況なら，現実的な選択肢としてエアマットをすすめることもあると思います。しかしその場合，当然ながら廃用は進んでいくことを受け入れる必要も出てきます。

本当に本人の機能を改善したいのであれば，一時的にエアマットを使う場合もあるかもしれませんが，導入しっぱなしではなく，止め時を計画していく必要があります。そして，できるだけエアマットを使わない工夫をポジショニングや介助で行うことが重要です。

ポジショニングは相手とのコミュニケーション

ここまで説明したように，ポジショニングの仕方は人や状況によって変わります。つまり，

「これを行えばすべて正解」という答えがありません。では，何をもって成功したか，失敗したかを判断していけばよいのでしょうか？　これについては，**ポジショニングしながらしっかり相手の身体に触れて，相手の身体の緊張をあなたの手で直接確認**してください。本来であれば，快適かどうか本人に確認することも重要ですが，ポジショニングが必要な人は言葉を出せないことも多いです。しかし，相手の身体に丁寧に触れて緊張を感じ，相手の言葉にならない身体の声を聞くことは可能です。

　ポジショニングが成功した時は，相手の身体は緊張が緩んで柔らかくなります。少し動かしてみると努力感がなく，介助しやすくなっていることも多いです。触れた時に最初よりも楽そうな感じになれば成功です。逆に，失敗した時は，相手の身体の緊張が強くなり，固くなっています。カチカチになっているので，介助する側は余計に重く感じます。手で触れると，とても「苦しそう」に感じます。

　日常の中でこのようなやりとりを繰り返すこと自体が，**「言葉を使わないコミュニケーション」**なのです。毎日の実践の中で，少しずつ力が抜けて緩んでいくことを確認していきます。一回一回は小さいことでも，日々の積み重ねがやがて大きな変化になります。日々相手の反応を汲み取りながら，相手が今よりも楽になるようにかかわりましょう。少しずつ積み重ねていけばよいのです。その繰り返しの中で，ポジショニングを通じて寝たきりの人と心を通わすことだってできるかもしれません。

答えは目の前の人にある

　太っている人や小柄な人がいるように，身体の状態や過ごし方など，全く同じ人は存在しません。本当に千差万別です。特にポジショニングが必要な人は，身体に麻痺があったり，拘縮があったりするので，さらに個別性があります。ですので，**ポジショニングの答えは人によって大きく変わります**。AさんにしたポジショニングとBさんにしたものは，全く違うことも十分にあり得ます。本来，それが自然なことです。逆に「このポジショニングの型が唯一無二で正しい」という人は，むしろ疑った方がよいです。人を個別に見ていない可能性が高いです。

　ぜひ，皆さんも本書や動画を参考にしながら，目の前の「その人」と向き合ってください。本人の身体を触りながら，身体の緊張を確認して，また相手の動きを観察しながら「楽そうか」「ゴソゴソ動くことが増えたか」…そんな視点で試行錯誤してください。それが答えです。完璧じゃなくてもよいので，少しでも目の前の人の楽につながれば成功です。ポジショニングをやった価値はあるというものです。もし，より深く実践したいと思うのであれば，私が運営する予防介助のセミナーにご参加ください。答えそのものは教えることはできませんが，「あなたが答えを見つけられるように」学習をお手伝いすることができます。

まとめ

①ポジショニングは型の統一よりも，多様性とゴソゴソ支援を目指しましょう。

②エアマットや低反発マットレスを使用すると，廃用のリスクは上がります。導入する時は慎重に。

③ポジショニングの正解は教科書にはありません。「目の前の人の反応」がすべてです。

こちらの動画もチェック！

買い直しはしたくない！！
ポジショニングのための
失敗しない
クッションの選び方
4:41

【ポジショニングための】失敗しない
クッションの選び方【褥瘡ケアに…

https://youtu.be/Z_WawOa7M5E

Q.踵の褥瘡の治し方
マジで治ります
7:13

Q.踵の褥瘡の治し方を教えてください
【これで治る！！決定版】床ずれ

https://youtu.be/9QJMFPZ9bCs

ポジショニングを成功させる
クッションの使い方
7:17

【ポジショニングを成功させる】ク
ッションの使い方講座

https://youtu.be/7PrDYg9SzAY

「寝たきりの王道ルート」にご注意

　私たちの文化は，技術が発達する中で，いろいろな状態の人をケアできるようになってきました。褥瘡を予防するエアマットや，身体を滑らせて人を動かすスライディングシートやスライディングボード，また機械が身体を持ち上げてくれるリフトなど，数十年前なら考えられないほど気軽にこれらの福祉用具が使えるようになりました。これらの多くのものは，介助する技術がない人でも楽に移乗できたり，褥瘡の予防をしたりすることに役立ちます。

　しかし，これらのデメリットを理解せず道具を増やしていくと，「廃用を促進されながら生かされる」というなんとも言えない状態に陥るのです。これを私は「寝たきりの王道ルート」と呼んでいます。人を介助により安静に動かすことはできるけれど，相手は自分で動くことはほとんどない，もしくは少しずつ不自然な動きを覚えるようになることで，廃用は少しずつ悪化していきます。ここでは「寝たきりの王道ルート」の一例を見てみましょう。

「寝たきりの王道ルート」の一例

①自分で動くことが難しくなり，身体の緊張が強まる

　最近身体が弱ってきたＡさんは，適切なポジショニングをされずにベッド上で寝ていると，次第に自分で動くことが難しくなってきました。また，リラックスすることができないので，無意識に身体の力が入って緊張は強まり，身体は固くなっていきます。そうなると，ますます自分でゴソゴソ動くことがしにくくなっていきますから，介助によってゴソゴソ動くことを手伝われない場合は，少しずつ褥瘡が発生するリスクが生じます。

②褥瘡を予防するためにエアマットを導入する

　適切なポジショニングや身体をゴソゴソ動かすための介助がないため，Ａさんは身体を動かすことがさらに少なくなってきました。すると，同じところに体圧がかかり続けるため，褥瘡ができるリスクが上がります。皮膚も何となく赤くなっている気もしますが，念のため除圧目的で早めにエアマットレスを導入しました。

　身体を動かすためには安定した支持面が必要です。しかし，エアマット上で身体を動かすには支持面が柔らかすぎます。私たちは柔らかいところの上に乗ると，身体を安定させようとして身体を無意識的に固めてしまう傾向があります。すると，ますます動きにくくなります。これらの小さな廃用は目立ちません。しかし，毎日着実に少しずつ進行していきます。

　支持面が柔らかいと動きにくくなるだけでなく，介助することも非常に難しくなります。エアマットを導入したＡさんは，支持面が柔らかすぎで身体が埋まっているので，介助で少し身体を動かすだけでも大変苦労します。

　そこで，援助者はスライディングシートなどを使い，Ａさんの身体を滑らす介助を行います。「ゴソゴソを助ける介助」ではないため，Ａさんは滑るという不自然な動きの癖がつくようになりました。また，滑られる時も身体を自然と固めようとするので，さらに小さな廃用は増えて，拘縮や関節の変形は少しずつ助長されていきます。より身体は固くなり，カチカチになっていきます。

③背上げや足上げ機能を使って起き上がり介助をする

　この頃には，身体を起こすにも介助が必要になります。そこで，電動ベッドの背上げ機能を使って，強制的に起こされるようになります。

　背上げ機能だけではズレて足元に下がってしまうため，足上げ機能を使って強制的に反対側から挟まれます。Aさんの身体全体はプレスされた状態になり，その負担によってさらに緊張を高め，拘縮は悪化し関節の変形は助長されていきます（P.131参照）。また，小さな廃用は積み重なっていきます。

④移動・移乗が困難なため，スライディングボードやリフトを多用する

　Aさんはこのままいすに移ろうとしても，すでに自分の足で立つ能力は失われていました。そこで活躍するのが，スライディングボードです。スライディングボードで滑らすことで，いすに移すことが可能になります。もちろん滑るという動きは不自然な動き，かつ身体を少しずつ固める動きなので，また小さな廃用は加算されていきます。座位の状態でもAさんの身体の緊張をさらに強め，拘縮は少しずつ助長されていきます。

　また，エアマットが柔らかすぎるので，ベッド端に座ろうとしても座面が過剰に凹むことで転落しそうになり，まともに座ることもできません。援助者が少しでも油断すると，ベッドから転落することもあり得ます。

　ほかの方法として，リフトを使って寝ている状態から一気に座らせることになりました。しかし，寝ている状態からそのまま車いすに身体を置いても，座っているという実感を得ることは難しく，積極的に座ろうとする行為は行えなくなります。当然リフトを使用中に動かれると危険なので，Aさんはますます動かないことを求められます。また，小さな廃用が加算されていきます。

　このようにスライディングボードやリフトを多用することで，身体を楽に運ぶことができる反面，小さな廃用は加算され続け，確実に大きな廃用となって促進されていきます。これまでにも述べているとおり，これらの道具を使うことで乱暴な介助を予防するメリットはあるのですが，多用するあまりに廃用を促進する要素を増やしているという現実も理解する必要があります。

　ただ，道具を否定しているわけではなく，これは現実に起こっている事実です。事実から目をそらしたままでは，適切な介助はできません。さらに続きを見ていきましょう。

⑤トイレでの排泄が困難になり，おむつ対応になる

　支持面が不安定なエアマットやギャッジアップで挟み込まれたような座位で，Aさんはまともに座る機会がなくなりました。また，スライディングシートを使うことで，身体を一塊にして滑らすスライディング介助や座っている実感がわかりにくいリフト介助の積み重ねにより，座位でも緊張が抜けることなく，Aさんはリラックスして座ることが難しくなりました。適切なポジショニングがされない限り，車いすでもずっと力が入り続けます。

　このような状態では，トイレに座って排泄することも相当難しい状態になります。まともに立てない，まともに座れないAさんは，意欲があってもトイレでの排泄をあきらめて，おむつ対応を余儀なくされました。トイレに行きたくても行けない人生が始まります。トイレに行けないことで，廃用はより積み重なります。

⑥標準型の車いすに座れないため，リクライニング型の車いすを使用する

　このような状態が続けば，標準型の車いすに座ることはすでに難しくなり，Aさんはリクライニング型の車いすを使用することになります。リクライニング型の車いすは全体的につ

くりが大きいので，さらに介助はしづらくなります。

　援助者の健康や介助の技術に自信がない人は，ますますリフトを多用することになるでしょう。何度も言うように，乱暴に介助することに比べればリフトは有効ですから使えばよいと思います。しかし，リフト使用を繰り返すことで，さらに座ることができなくなり，廃用が促進されていきます。最終的には，座っているというよりは，リクライニング型の車いすの上に置物のように乗っているだけのような座位になります。

⑦飲み込むことが困難になり，食事が取れなくなる

　このような状態の中で，食事についても考えてみましょう。飲み込みが問題なくできるためには，リラックスしていることが一番の条件になります（P.72参照）。身体の緊張が高ければ高いほど，まともに飲み込むことはできません。しかしながら，Aさんはすでに緊張と拘縮・変形により身体がガチガチで，まともに飲み込みもできない状態でした。

　まともに飲み込めないのであれば，食事をまともに取れなくなるということです。食欲がなくなる人もいるでしょうし，そうじゃなくても，食事形態がミキサー食というドロドロの液状のものになる可能性も高まります。ドロドロのものは飲み込む負担は少ないのですが，食べている実感はわきにくく，自ら飲み込もうとする反応が出にくくなることもあるため，口に入れても飲み込みません。

　また，身体が変形および拘縮している状態では，座位を長時間行いながら意識を保つことも難しいでしょう。Aさんの食事量は少しずつ低下していきました。そうなれば，胃から直接栄養を入れる胃ろうという選択になります。もしくは食べなくなって，お亡くなりになることもあるでしょう。

⑧肺炎でお亡くなりになる

　お亡くなりになる理由は，口からご飯が食べれなくなるということだけではありません。肺炎でお亡くなりになることも多いです。

　よくあるのは，誤嚥性肺炎という嚥下が上手にできないために，気道や肺に食べ物が入ることで雑菌が繁殖し，炎症が起こる場合です。また，誤嚥性肺炎と混同されがちですが，沈下性肺炎という動かないことで循環が滞り，肺に雑菌が繁殖することで肺炎が起こるものもあります。

　現場で明確に見分けることは難しく，医師でも判断に迷うことは珍しくありません。いずれにせよ，このような肺炎により亡くなる方も少なくありません。結局，Aさんも肺炎でお亡くなりになりました。

小さな廃用の積み重ねが「王道ルート」をつくる

　以上が，大まかな寝たきりからお亡くなりになるまでの「寝たきりの王道ルート」です。完全に同じではないかもしれませんが，多くの人がこのようなルートをたどるところを見てきました。もっと昔は乱暴な介助や無理解により，まともな生活を送ることができず，生命自体が直接脅かされることが多くありました。しかし，現代では機械や道具が発達し，それらが気軽に使えるようになったことで，なんとか生活することができています。確かに，昔のように急な生命の危機はなくなりました。その一方で，自分で主体的に動く機会が奪われ，また不自然な動きで支援されたり，身体を物のように運ばれる支援をされたりする毎日を過ごすことになります。その中で小さな廃用は確実に蓄積されます。

　これまでの私たちは，この「小さな廃用」についてあまりにも無関心でした。最初は，な

んてことはない小さな廃用だったかもしれません。一つひとつは小さな廃用でも，それを放置したばかりに大きな廃用になり，やがてそれは利用者を大きく苦しめることにもなります。始まりは小さな廃用だったはずが，その小さな廃用がまた別の小さな廃用を呼び，それがさらに別の小さな廃用を呼び起こす。小さな廃用はまるで虫歯のようにじわじわと静かに身体を支配し，いつのまにか大きな廃用になって身体を襲います。行き着く先は動けないという毎日。場合によっては，無理やりクッションを関節に挟まれ，自動体位変換ベッドで斜めの床で寝かされる日々。声を出す能力がなければ，苦しみを周りに伝えることさえできない。褥瘡はできないかもしれませんが，それ以上に大切なものを失っていく日々。実際に同じようなルートをたどり，今も動けない苦しみの中で一人静かに耐えている人はいるでしょう。

　この「王道ルート」の先に待っているのは，「死」でしかありません。もちろん人はいつか死ぬものです。ただ「死ぬことによってのみ，この苦しさから解放される」という状態は，とても悲しいことではないでしょうか。少しでもこの「王道ルート」から抜け出す術はなかったのだろうか？　少しでも寝たきりになるリスクや苦しみから救うことはできなかったのだろうか？　少しでも楽に安らかに死を迎えることはできなかったのだろうか？

　もしかしたら，褥瘡ができそうになった時に適切なポジショニングがされていれば，普通のマットレス（もしくは高反発マットレス）で過ごせていたかもしれません。ポジショニングをした上でゴソゴソ動くことを促すことで，自分で楽に寝返りができていたかもしれません。滑らすことなく丁寧にベッドでモゾモゾ動くことを手伝っていれば，もしかしたら悪循環に陥ることなく，車いすに座ってご飯を食べていたかもしれません。トイレだって，あきらめる必要はなかったかもしれません。食事だって，おいしく食べていたかもしれません。祖母・祖父として，お孫さんを抱いていたかもしれません。

　この「王道ルート」は，最初の段階ほど対処しやすく，後になればなるほど難しくなります。難しいとはいえ，今よりも少しは楽にすることができます。だからこそ，誰にとっても手遅れではありません。もちろん，これまで頼ってきた機械を完全にやめろと言っているわけではありません。機械があったことで乱暴な介助にならず，「小さな廃用」で留まることができて救われた人もいるでしょう。それを否定するつもりはありません。病気がある人や動きに制限がある人の「小さな廃用」を，すべて予防することは簡単ではありません。現実は理想よりも厳しいものです。ただ，すべてなくせなくても，少しの工夫によって「小さな廃用」を一つ減らすことができます。一つひとつの「小さな廃用」はそんなに重大ではないので，少しの工夫で対処できます。できる範囲でよいので「小さな廃用」を減らしていくこと，それだけでも随分と楽になるものです。

　今一度考えてほしいのです。今，目の前にいる人は，もしかしたら寝たきりで過ごす以外の別の人生があったかもしれません。少なくとも，今よりも楽に過ごせたかもしれません。「小さな廃用」を見過ごさなかったら，何か対処できていたら，別の人生があったかもしれません。過去を変えていくことはできませんが，未来は変えていけます。少しでも楽で元気に過ごせる毎日を送れるよう，「人を元気にする介助」を私は伝え続けています。

「近代的廃用症候群」を知ってほしい！

時代によって廃用症候群の病態は大きく変わる

　廃用症候群とは，動かないことによる身体の機能低下を総称したものを言います。一見，廃用症候群は昔も今も変わらないように思えますが，実は廃用の病態が大きく変わりつつあることをご存じでしょうか？

　昔の廃用症候群は，患者・利用者を放置したり，ベッドの上にずっと寝かせるだけで何もしなかったり，支援する人の技術不足によって乱暴な介助から起こるものでした（これを私は「前時代的廃用」と呼んでいます）。乱暴に介助されると身体の緊張を高めたり，あざやけがなどをつくったりします。また，痛みなども出るのでさらに動けなくなります。

　現在は機械や道具が発達し，また人をコンパクトに丸めて援助者が負担なく運搬する技術が普及し，患者・利用者が自ら動く機会を奪われることで機能低下してしまうもの（これを私は「近代的廃用」と呼んでいます）に変わってきています。この近代的廃用は，前時代的廃用に比べてとてもわかりにくいものになっています。

近代的廃用症候群のわかりにくさ

　前述したコラム「『寝たきりの王道ルート』にご注意」（P.114参照）で説明させていただいたとおり，実は非常に深刻で大きな問題であり，多くの人が気づかず静かに廃用を促進させているのです。前時代的廃用は，明らかにベッドで放置していたり，無理やり動かしていたりと原因がはっきりしていて実にわかりやすいのですが，近代的廃用は，機械などに囲まれているので一見，最新の介助のように思われたり，乱暴な介助に比べると患者・利用者の身体にかかる負担が少ないため，廃用が起こっていることがわかりにくいのです。

　しかし，本人の身体の緊張や動きをよく観察すると，機械や道具に依存した介助は，人間の自然な動きとは全く違います。また，運搬を目的とした介助技術も人をコンパクトに丸めることを推奨するなど，本来の人の動きとは真逆の介助になっています。人が楽に動くためには，広い空間が必要です。滑るような動きも人は行いません。滑らせて動かす介助を繰り返すことで介助される人の脳は混乱し，本来の動き方を忘れてしまうのです。また，リフトを使用している時は動くと危ないので，本人はじっと固まっていることを求められます。

　このような介助は，前時代的廃用に比べると身体にかかる負担が少ないので一見，問題が解決されたように勘違いしてしまいます。しかし，実際には自分で動く機会を奪われて，不自然な動きを支援されていることに変わりありません。当然ながら，これらを積み重ねると廃用症候群は静かに，確実に進行していくのです。そうして寝たきりがつくられていったり，寝たきりの状況を悪化させたりしていることも多いのです。前時代的廃用よりはマシだから

といって，問題の本質が解決しているわけではありません。わかりやすく大きな廃用が小さな廃用に変わったとしても，日常的に積み重ねると，大きな廃用として患者・利用者にのしかかっていくのです。

人間が廃用を予防できる原理

　人間は生まれながらにゴソゴソする動作を繰り返すことで，徐々に動けるようになってきました。ゴソゴソする動きが寝返りにつながり，さらにゴソゴソすることで起き上がりとなり，そして座れるようになっていきます。これが発達のプロセスです。

　寝たきりの人であっても根本は同じです。ゴソゴソ動くことを介助するから廃用を予防でき，自ら少しずつ動けるようになります。ゴソゴソしだすと余分な緊張も取れて，介助する側も楽になります。

　これは，いくら文明が発展しても逃れられない，生物としての人間の仕組みです。人は自然に動くことでしか，廃用を予防できないのです。そして，自ら動くことで楽になるのです。私が提唱している「予防介助」は，その仕組みを最大限に引き出す取り組みです（P.22参照）。ベッドが勝手に傾いたり，寝ているマットレスの圧が変わったりすることで褥瘡は予防できるかもしれませんが，廃用は促進され，寿命は縮みます。もちろん身体の苦しみも続きます。

「近代的廃用症候群」を認識するところから

　勘違いしてほしくないのは，介助の時に機械や道具に頼ることは全然構わないのです。文明に頼ることで，選択肢が広がることは悪いことではありません。ただ，現状は機械や道具を使うことが安易に設定されて，「近代的廃用」のリスクが過小評価されています。選択肢があるように見えて，機械や道具を使うという選択肢ばかりがフォーカスされ，逆に予防的なかかわりをするという選択肢があまりにも少ないのです。

　正解は状況によって変わります。時には，道具を使って運搬することがベターな状況もあると思います。ただし，それは正確な情報があってこそです。機械や道具を使うことのメリットだけでなく，同じぐらいデメリットも伝えられていることで，援助者は何を選ぶべきか適切な判断ができるようになります。近代的廃用症候群の存在を知らされていない状況は，フェアとは言えません。「近代的廃用が存在する」という現実を多くの人が理解し，人を生物としてではなく運搬する対象として扱うことで発生する健康的リスクを，しっかりと伝える必要があります。

　残念ながら現状は，正確な情報が世の中に流れているとは言えません。指導者や講師の中には，あたかも機械や道具を使うことで，二次障害や廃用を予防・改善できると誤解させている人もいます。そのため，誤解することで近代的廃用を見逃してしまい，適切な選択とフォローができなくなってしまうのです。

　多くの人に，近代的廃用症候群を知ってほしい。この静かで深い問題を多くの人と共有していきたい。そこから新しい解決策が生まれ，広がると思っています。皆でこの問題に本気で向き合いませんか？

第4章

廃用を
予防するための
福祉用具の使い方

【19】福祉用具を選ぶための 重要な視点
本人の状態だけで福祉用具を選ばない

  福祉用具を選ぶ際の基本を教えてください。

  「本人の能力」「福祉用具の特性」「サポート力」, この3つのバランスを踏まえて考えることが 必要です。

　考えてみれば当たり前のことですが, 福祉用具を使うのは本人だけでなく, 援助者も含まれます。つまり, 本人の能力は同じでも, 援助の状況が変われば使う福祉用具も変わります。本人の状態だけで福祉用具を選ぶと状況に合わないことも多く, 逆に負担になることもあります。ここでは, すべての福祉用具を選ぶ上での, 根本的で大切な考え方について紹介します。

本人の能力や状態だけで福祉用具は選べない?

　一般的に福祉用具を導入する時の基準としては,「この人は褥瘡ができているからエアマットを使おう」「ベッドで動けないからスライディングシートを使おう」「立てないからリフトを使おう」など, 本人の能力や状態を基準に選ぶことが多いです。一見このような考えは, すごく理にかなっているように思うかもしれませんが, 果たして妥当な考え方なのでしょうか?

　実は, 重要な視点が一つ欠けています。それは「援助の状況が含まれていない」ということです。本人を取り巻く環境や, 援助される状況によって生活状況は変わります。つまり, **本人の能力は同じでも, 援助の状況によって選ぶ福祉用具は大きく変わってしまう**のです。

　例えば,「褥瘡があるからエアマットを導入する」というのも, 一見理にかなった考え方かもしれませんが, 援助者にポジショニングを適切に行うスキルや, ゴソゴソ動いてもらうことを促すスキルがある場合, エアマットを使用しなくてもよいことが非常に多いのです。

　同じように, ベッド上で頭方向に移動するためにゴソゴソ動いてもらう介助を学ぶことで, スライディングシートは必要ではなくなる場合もよくあります。つまり, 援助者のスキルが上がることで選ぶ福祉用具は変わりますし, 必要でなくなることも珍しくありません。このようにサポートする側の能力によって, 選ぶ福祉用具は変わるのです。

サポート力とは？

「サポート力」とは，**人が人に行う援助の質と量**のことを言います。先述した介助スキルのほかに，かかわる人の量などもサポート力です。

例えば，職員が多く，見守りが手厚い施設では転倒リスクが減らせる分，車いすから歩行器に変えることができるかもしれません。一方で，人が少なく見守りなんて全くできない施設であれば，転倒リスクを減らすことはできませんし，車いすで過ごすことを必然的に余儀なくされるでしょう。このように車いす一つとっても，現実的に使用するかどうかの判断は，人的資源（サポート力）の影響を受けます。

ほかには，「トイレに行きたいけど，誰も手伝ってくれないのでおむつを着ける」という場合も，人的なサポートがないことから，おむつという福祉用具を使うことになってしまった結果と言えます。また，「独居の寝たきりで家族の支援を一切受けることができない」という場合も，人的な資源が少ない状況と言えます。

「本人の能力」「福祉用具の特性」「サポート力」の関係性

先ほど，援助者のスキルが上がれば，エアマットやスライディングシートを使わなくても，普通のマットレスや介助で支援できるという例を挙げました。言い換えれば，サポート力を上げることで，福祉用具に過剰に頼ることを止めることができると言えます。このように**「本人の能力」「福祉用具の特性」「サポート力」**は，相互的な関係があります。

傾向として，福祉用具に頼り切るかかわりを続けることで，本人の能力が少しずつ下がりやすくなります。エアマットの例で言うと，支持面の圧を分散してくれるかもしれませんが，その性質上，エアマットは柔らかいので動きにくく，身体の緊張を高めていき，拘縮は少しずつ進んでいきます。本人も動くことができなければ苦しいですし，身体が固まればほかの介助も行いにくくなります。

逆に，サポート力を上げると，ポジショニングを適切にし，ゴソゴソ動くことを促す介助やかかわりを増やすことで身体の緊張がほどけ，廃用を改善しつつ褥瘡が治ることも珍しくありません。そうなると，エアマットは必要なくなります（その際は，普通のマットレスや高反発マットレスを使用する。むしろエアマットでは柔らかすぎて，自分で動けるようになる支援が行いにくい）。

スライディングシートも同様です。スライディングシートが敷かれている状態は，滑りやすい氷の上に身体を置かれているようなものです。スケートリンクを歩くことを想像してもらうとわかりやすいと思いますが，ツルツルした支持面では滑ってまともに動けません。他人に運搬してもらうことは楽ですが，自分で動けるようになるためには，スライディングシートの使用は適していません。そもそもスライドするという動きは人の動きにはありませんし，スライドされる時，人は少しずつ身体が固まっていきます。援助者のスキルが高ければ，滑らせることなく本人自身がゴソゴソ動きながら，頭側に移動することもできるように

なります。つまり，本人の動きを引き出す介助ができれば，スライディングシートは必要ないのです。実際，ゴソゴソ動くことを促す介助ができる人からすれば，滑りやすい氷の上でゴソゴソ動いてもらうのは，逆に非常に難しいと思うことでしょう。応用的に背中だけスライディングシートを敷いて，本人の膝を立てて床を足で押してもらうやり方もありますが，これは足の一部しか使っていない動きで，上半身を固まらせていることには変わりありません。不自然な動きを覚えてもらうことになるので，結果的に無理な動きを覚えることになります。動けばなんでもよいというわけではありません。いずれにせよ，スライディングシートを敷いて介助し続けるのであれば，将来的に自分で動けるようになるのは難しいでしょう。

　ただし，ゴソゴソ動くことを支援するスキルがなかったり，援助者の体調がすぐれなかったりする時は，スライディングシートに頼った方がよいと思います。何もないと，ただ乱暴な介助にしかなりません。

　まとめると，援助が必要になった時には，福祉用具とサポート力の両方に頼ることになります。その割合によって，援助される人の人生が大きく変わることも珍しくありません。短期的には，福祉用具に頼るケアの方が介助負担は軽減するかもしれませんが，長期的には**サポート力を上げる方が本人の能力も上がるため，本人も健康的に過ごせて介助が楽になります。**

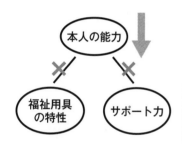

福祉用具もサポート力もなければ，本人の能力は下がっていく

福祉用具に頼りすぎると，本人の能力は少しずつ下がっていく

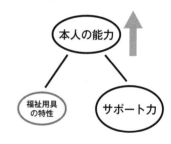

サポート力を高めると，本人の能力も高まり，重度化を予防しやすい

状況によって福祉用具は必要！

　ここまで述べると，「福祉用具は必要ない」と言っているように聞こえるかもしれませんが，そうではありません。大切なのは，先述したことを理解した上で，**福祉用具を使うか使わないかは，状況に応じて使い分ける**ことです。実際には，人的資源も経済的資源も限りがあるからです。

　例えば，90代の人が90代の人を介助するといった老老介護で，介助する人に介助技術を高めてもらうことは現実的ではありません。「それならリフトに頼って，お互いの負担を減らしましょう」と私も提案します。スキルがないと乱暴になるだけですし，介助する人の身体を傷めるかもしれません。であれば，リフトを使用する方がベターだと考えます。そうすることによって，在宅で長く過ごせることが可能なら素晴らしいことです。

また「お金もあまりなく寝たきりで独居」という人の場合，誰もサポートしてくれる状況でなければ，当然エアマットが選択肢として入ってきます。エアマットを使うことで，拘縮は少しずつ強まるかもしれませんが，エアマットを使わないと褥瘡がすぐに発生します。本当はサポート力を上げて，いろいろな人がかかわることが理想かもしれませんが，人的資源がないなら機械や道具に頼ることも現実にはあります。地に足がついた考え方が必要です。

　また，サポート力を上げるということは，福祉用具に頼らないということではありません。使用する福祉用具の種類が変わります。例えば，ポジショニングに必要なクッション，その人に合った車いす，高さ調整ができる電動ベッドなどは，サポート力を発揮する上で大きな助けになります。

　このように福祉用具に頼ることのメリットやデメリットを適切に理解した上で，また長期の視点を踏まえて**サポート力とのバランスを見ながら，福祉用具を選ぶ**必要があります。すべてが万能なものはありません。目の前の人の能力だけでなく，援助者のスキルや状況も踏まえてベターな選択をしましょう。援助者の状況や能力はさまざまですから，できる範囲でサポート力を長期的に上げていきつつ，**できないところは福祉用具に頼る**ということをおすすめします。

長期的にはサポート力を磨こう

　援助者のサポート力を高めることができれば，利用者の重度化を予防し，楽に過ごせるようになることはまぎれもない事実です。特に**プロとして活躍している人であれば，自分のサポート力を磨き**，援助の幅を広げていってほしいと思います。目の前の人をとにかく元気にしたいという思いを叶えるために，サポート力は重要です。

　サポート力を上げることで，救われる寝たきりの人は確実に存在します。介助の質はもちろんのこと，クッションの使い方一つで大きく人生が変わる人もいます。ぜひ人を元気にするサポート力を高めてください。サポート力を高めるには，本書や私のYouTube，セミナーなどを参考にしてください。

まとめ

①**本人だけを見て福祉用具を選ぶ**と，失敗しやすくなります。
②**福祉用具は援助者のスキルや質，援助の度合い**も加味して選びましょう。
③**プロなら長期的にサポート力を伸ばして，援助の幅**を広げましょう。

【20】 間違った杖の使い方を していませんか?

杖に体重をかけてはいけません

  Q 杖を持つ手に力を入れながら, 苦しそうに歩いている人がいます。

  A 杖は体重をかけるものではありません。 バランスを取るために使いましょう。

　一般的に「杖は手や腕に体重をかけて, 足の負担を軽減する」というイメージがありますが, 実はこれ, 大きな誤りなんです。

　そもそも人の手や腕は, 体重を支えるためにできていません。杖を持つ手や腕に体重をかける姿勢を続けていると, 肩や手首を痛めるだけでなく, 過剰な前傾姿勢を誘発することにもなります。また, 杖にもたれかかることが癖になり, 余計に歩行能力が下がることがあります。

【注意】ここでいう杖は, T字杖などの広く一般的に使われているものであり, 松葉杖などの特殊な杖のことではありません。

T字杖

人のバランスの仕組み

　杖の正しい使い方を知るためには, 「人はどのようにバランスをとっているか」を理解する必要があります。多くの人が「バランスをとる」ということを誤解し, 専門家でさえ誤った杖の使い方を指導していることがあります。

　例えば建物の場合, 支持面(床)の面積を広げる, つまり土台が広ければ広いほど, 構造物は揺れることなく強固に安定します。それ自体は間違いではありません。東京タワーは下が広がっているからこそ安定し

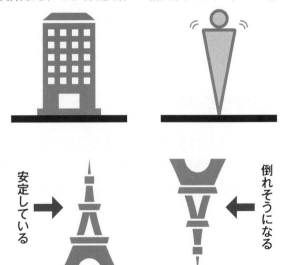

建物の安定
支持面が広いことで安定を保つ

人間の安定
揺れ動くことでバランスを保つ

安定している

倒れそうになる

ていますが，逆さにすると途端に不安定になりますよね。このように支持面が広いことで，ビルやタワーは安定することができます。

　しかし，建物の考え方を人に当てはめた場合，決定的に欠けている視点があります。それは「人は動く」という当たり前だけれど，極めて重要な視点です。

　人は，どのようにバランスをとっているかというと，建物とは全く逆の発想で，**支持面を狭くし，揺れ動くことでバランスをとっている**のです。ちょうど細長い棒を手のひらに乗せて，倒れないように手を動かすことと似ています。建物の考えを人に当てはめて支持面を広げてしまうと，安定しすぎて人は動くことができなくなります。

支持面を広げきった人は
全く動けない

ゆらゆら
しながら
バランスを
とっている

　これを理解すると，杖を持つ手に体重を乗せるという行為は，支持面を広げることにつながるので（体重を乗せることで安定はするかもしれませんが），逆に歩きにくくなってしまうことがわかります。杖の誤った使い方が癖になれば，さらに歩きにくくなり，また杖に頼る…という悪循環に陥ってしまいます。

杖の本来の使い方とは？

　杖は本来，人の身体がさまざまな方向に揺れることを助けるためにあります。体重をかけるのではなく，**杖先で軽く床を触れて，自分のバランスをサポートするように使います。**

　元気な人でも，片足だけで立つより，手で壁を軽く触れている方が楽にバランスがとれるようなイメージです。そうすることでバランスをとることが楽にできるため，緊張が緩和し，

手や腕に力を入れながら，
苦しそうに歩いている人を
見かけませんか？

杖は本来，
身体が揺れるのを
サポートするために
使うもの

疲労感が減り，楽に歩くことができます。腕や杖が足の代わりに体重を支えて，負担を減らしているわけではありません。

「杖⇒患側⇒健側」にこだわらなくてよい

　また，「杖⇒患側⇒健側」といった歩行の仕方について学んだ人も多いかと思いますが，これも支持面を広げる発想から来ているので，そこにこだわる必要はありません。

もし杖を上手に使えるようにしたいなら，**杖をいろいろな場所に楽につけるよう練習する**ことをおすすめします。そうすることで，さまざまな状況や場所に適応することができます。

決まりきった歩き方では，歩ける場所はほとんどありません。例えば，東京駅を歩くなら人にぶつかることもあるし，ごみも落ちています。狭い改札だって通る必要があります。それなのに決まった歩き方しかできなければ，まともに通行することは難しいでしょう。

適切に使えば心強いパートナーに

道具は使い方次第で，その効果は大きく変わります。今回紹介した杖の正しい使い方を覚えると，利用者に変な癖をつけることなく楽に歩行してもらうことができます。その結果，**活動しやすくなり，歩行能力を高められる可能性もあります。**

よく「杖に頼り続けると，歩けなくなってしまうのではないか？」と心配される人がいますが，これは杖の誤った使い方からくるものです。杖を正しく使っていれば，そのようなことにはなりません。結局のところ，杖は使い方次第なのです。むしろ，歩きにくくなってきたと感じ始めた早期からバランスをとる杖の使い方に慣れておくと，将来も身体を固めて歩くような頑張り癖がつかず上手に歩けるので，長期的に自分の行きたい場所に楽に行くこともできるでしょう。あらかじめ杖の正しい使い方を覚えておくことで，老後の備えや介護予防につながります。

こちらの動画もチェック！

体重をかけてはいけない！？
杖の本当の使い方
バランスを取るために使います 6:37

【プロでも誤解している!?】杖の本当の使い方、杖のつき方【杖歩行】
https://youtu.be/LF_rthZl-yM

まとめ

①私たちは建物ではなく動く人間。安定は揺れる動きの中にあります。

②いろいろな方向に楽に杖をつけるから，さまざまな場所を歩くことができるのです。

③杖を正しく使うことで負担を減らし，将来も長く楽に歩けるようになります。

【21】理想的な杖の高さって何？

その人の身体や状態に合わせて調整する

  Q 杖の高さは，何を基準にすればよいですか？

  A 肘や手首が軽く曲がるところが基準です。足の骨（大転子）ではありません。

　杖の高さを合わせる時に，大転子という大腿骨の部分を基準にしていることが多いのですが，それは間違いです。杖は手で持って使うものですから，手を基準にして選ぶ必要があります。ここでは，一般的なT字杖の高さ調整について解説します。

杖の高さを大転子の位置で合わせると…

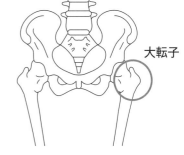

大転子

　大転子は大腿骨の一部なのですが，大転子の位置を基準に杖を選んでいるのをよく見かけます。それは「足の長さに合わせて杖を選びましょう」ということになります。

　しかし，足の長さを基準にすると，不都合が生じます。仮に足の長さが同じ人でも，腕が短ければ高い杖が必要になりますし，腕が長ければ低めの杖が必要になります。

　また，円背の人だと前屈みになりがちなので，相対的に杖を持つ手は地面に近づくことが多くなります。そうすると，やはり足を基準に選んだ高さよりも低めに合わせないと，高すぎて使えなくなります。

届かない… 高すぎる… 高すぎる…

足（大転子）を基準に杖を合わせると…

肘や手首が軽く曲がるところで合わせればOK

　杖の高さを，足の長さ（大転子の位置）で合わせようとするから，話がややこしくなるのです。本来，杖は手で持って使うものですから，**その人の腕の長さや姿勢に応じて高さを合わせればよい**のです。

その基準も、「肘や手首が軽く曲がる程度のところ」で合わせれば問題ありません。腕の短い人は杖を高めにすればよいですし、腕の長い人は杖を低めにすればよい。円背の程度が少ない人は、杖を高めにすればよいですし、円背の程度が強くなってきたら杖を低くする必要があります。

杖の高さは、腕の長さや姿勢に応じて合わせる

実際に試して「しっくりくるか」が重要

「肘や手首が軽く曲がるところ」と言われても、具体的にどの程度なのかと思われる人もいるかもしれませんが、こればかりは本人に試してもらう必要があります。腕の長さを基準にしながら**実際に杖をついて歩いてみて、本人が「一番しっくりくる」と言われる高さに調整しましょう**。

個人差がありますから、本人の感覚で選んでもらってください。「しっくりこないな」と思われたら、もう一度しっくりくる高さに調整すればよいのです。むしろ、一つの高さに決めるのではなく、日々の体調や姿勢によって微調整をしていくのが理想的です。本人自身も状態は同じだと思いがちですが、日々微妙に変化しています。合わせ方は単純なので、気分によって変えてみるとよいでしょう。

ちなみに杖は、高さの調整が簡単なものを選ぶとよいです。一般に普及しているので、容易に手に入れられると思います。ただし、100円ショップなどで売られているようなものはおすすめしません。杖が壊れて、転倒などを引き起こすこともあり得ます。高価なものでなくてよいですが、あまり安すぎるものは控えた方がよいと思います。

こちらの動画もチェック！

世界一簡単　そして効果的！！
杖の高さ調整の考え方

5:21

【プロでも誤解している！？】杖の高さ調整の考え方【大転子じゃな…

https://youtu.be/SZnQTRPdC7o

まとめ

①杖の高さを大転子の位置で合わせるのは間違いです。

②杖の高さは、手首や肘が軽く曲がる位置を基準に合わせましょう。

③本人に実際に試してもらい、しっくりくるところを設定しましょう。

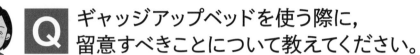

【22】 ギャッジアップベッドの リスク
知らないうちに廃用を悪化させている?

 Q ギャッジアップベッドを使う際に, 留意すべきことについて教えてください。

 A 背上げや足上げを多用すると, 廃用を 悪化させるリスクが非常に高くなります。

　ギャッジアップベッドは病院や施設のほか, 在宅でも多く導入されています。しかし, その大半がギャッジアップの本質を知らずに使用しているというのが現状です。誤った使い方をすると, それだけで廃用を助長してしまうこともあります。ここでは, ギャッジアップベッドを使用するリスクについて説明します。

ギャッジアップベッドの特性

　ギャッジアップベッドには一般的に, ①背もたれが上がる, ②足の部分も上がる, ③ベッドの高さ調節ができる, といった特性があります (種類によっては, ベッドの高さしか調整できないものもあります)。今はそのほとんどが, 電動ボタン一つで操作できます。ここでは, 現在最も使われているこの3つの機能が備わった電動式ベッドを基に解説します。

①背もたれが上がる

②足の部分も上がる

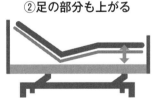

③高さ調節ができる

　私たちが普段寝ているベッドとギャッジアップベッドとの最大の違いは, 「ベッドが変形する」ということです。上記①②③の機能それぞれにモーターがついており, かなり力強くベッドを折り曲げることが可能です。その力は大きな男性が寝ていても, 背上げの力で簡単に起こすことができるぐらいパワフルです。また, 強い負荷に耐えるためにマットレスの下

131

は鉄でできており，ベッド自体も非常に頑丈で重いです。

ギャッジアップベッドのリスク

無理やり身体を曲げ続けることで，身体の緊張を高める

　私たちが電動式ベッドで仰向けに寝ている時に，背もたれや足を上げる機能を使うとどのようになるでしょう。当然ベッドが変形することで，背もたれや足上げの部分が起きてくるので，身体も起き上がっていきます。強力なモーターにより鉄の塊が変形し，それに抵抗することはできず，強制的に身体は曲げられることになります。

　ベッドが変形するということは，モーターによって身体を上に持ち上げる力と，身体を下に押さえつける重力の両方によって，強制的にプレスされていきます。このように考えると，「**ギャッジアップベッドは身体を強制的に折り曲げるプレス機**」と言えるかもしれません。

　ギャッジアップベッドも，使い方によっては便利なこともあると思います。しかし，ギャッジアップを多用することで，無理やり身体を曲げ続けるストレスを知らないうちに与え続けていることになります。このような繰り返しで身体の緊張を高め，「カチカチ

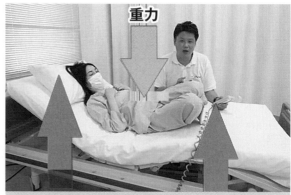

モーターによる力と重力によって，身体は強制的にプレスされていく

人間」を作ってしまいます。このことを知らずに使ってしまうことで，ギャッジアップベッドが「寝たきりを促進させるためのもの」になってしまう可能性もあるのです。

ベッドの折れ曲がる位置は決まっている

　ギャッジアップベッドは折れ曲がる位置が決まっているので，人によってはベッドの折れ曲がる位置と，本来身体の曲がる部分にズレが生じることがあります。**ズレたままギャッジアップすると，本来身体が曲がらない場所でもベッドの力により無理やり曲げられてしまいます。**すると，身体に過剰な負担がかかり，緊張を高めて身体がカチカチになるだけでなく，身体に歪みをつくります。それを毎日積み重ねることで，少しずつ廃用と変形を助長していきます。

　「援助者が適切な位置に移動させてから，ベッドを曲げたら問題ないのではないか」と思われるかもしれません。もちろんできるだけ合わせる必

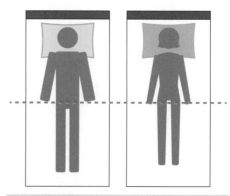

体格は異なっていても，ベッドの折れ曲がる位置は同じ

要はありますが，そのようなことで解決する問題ではないのです。前述したように，背もたれが上がる位置も，足上げの場所も変更することができないのに，身体の大きい人，小さい人などが同じ電動式ベッドを使用します。すると，どうしても身体に合わない人も出てきます。さらには，変形や拘縮のある人もいますが，ベッドは無関係に半ば力づくで身体を曲げようとします。その結果，身体は無理やり曲げられるのです。

　また，体格の違いだけの問題ではありません。私たちは寸分の狂いもなく，ベッドの同じ位置に寝ているわけではありません。上下左右に毎回少し違う場所に寝ていますし，ましてやベッド上でゴソゴソするのなら，その時点でベッドの折れ曲がる位置と，本来身体が曲がる位置がズレる瞬間が発生します。関節は 1 cmズレるだけで，大きな負荷がかかってしまいます。つまり，日常的に全く動けない人で，ベッドと身体のサイズがピッタリで，かつベッドの折れ曲がる位置と身体の関節の位置が寸分狂わずに合っている状態で，さらに常に身体をまっすぐにしている状態があって，初めてギャッジアップベッドと身体が合うことになります。これがどれだけ現実的ではないということは，想像に難くないと思います。ギャッジアップベッドを使うと，どうしても無理やり身体を曲げられるという運命から逃れることはできないのです。

床（支持面）が斜めの状態では，人はまともに動けない

　この世界のほとんどの人が，日常的に平面で寝ています。これには理由があります。**人はフラットな状態なところでないと，まともに動くことができないのです。**世の中のいすも，座面が平面に近いものが大半です。同じように，ベッドや寝床はほとんどの場合は平面です。それは平面でないと身体が動きにくいことを，人類は本能で知っているからです。

　また，ギャッジアップの背上げに角度を付けて寝ている人を想像してもらうとわかるのですが，基本的に仰向けに寝ていることが多いと思います。これは好きでそうしているわけではなく，仰向けに寝なければならない状況に強制されている場合がとても多いです。

　人の身体は側方に大きく曲がる構造ではありませんので，ベッドに角度が付くと横向きに寝るには厳しくなります。ですので基本的にまっすぐ寝ることを強制されているのです。拘縮や変形が強い人だとなおさら側方には曲がらないので，少しの背上げの角度でも横向きに寝ることはつらくなります。拘縮があっても，背上げをして横向きになっているという例もあるかもしれませんが，前述したようにベッドの強力なモーターの力で無理やり曲げられている可能性もあり，かなりつらい体勢になっていることを疑ってみることをおすすめします。

　背上げをすると動きにくい理由はそれだけではありません。できれば自分の身体で実験してもらいたいのですが，ベッドの背もたれがちょっと上がっているだけで，寝返りするのも努力感が増して行いにくくなります。滑り台の上で動こうとするのを想像すると，わかりやすいかもしれません。フラットな面であれば，床を簡単に押すことができますが，支持面が斜めだと床を押すことがかなり難しくなります。また，無意識的にずれ落ちないように，その場にとどまる力も必要になります。このような理由で寝返りは，フラットな面で行うよりも何倍も力が必要になります。努力的な動きの癖がつきますから，日常的に身体の緊張が高

まり，拘縮を助長しやすくなります。

背もたれを起こしても呼吸は楽にならない

稀に「背もたれを上げると横隔膜が下がり，呼吸が楽になる」という人もいますが，これも注意しなければなりません。**無理やりギャッジアップで身体を起こしたからといって，呼吸は楽になりません**。むしろ身体がプレスされ続けている状態では動きにくくなりますので，呼吸がさらに苦しくなるのは安易に想像できるのではないでしょうか。

上手に起こして楽に座ることができれば，寝たきりの人も呼吸が楽になることはあるかもしれませんが，ギャッジアップで無理やり起こせばよいというものではありません。楽に座れるように，ポジショニングスキルを組み合わせる必要があります。また，支持面（背もたれ）が斜めなのは変わりないので，長期的に見ると，自分で動けない苦しさにより呼吸もつらくなります。仮に上手く起こせたとしても，呼吸が楽になるのは短時間だと言えます。

痰が絡みやすい人の注意点

痰は気管から出る分泌物で，基本ドロッとして粘性が強いです。ですので，痰が溜まった場合は咳き込んで痰を排出する必要があります。

しかし，ギャッジアップで中途半端に背上げした臥位だと，やはり前述したように全身の緊張が高まることによって，咳き込む動きも制限されます。それだけでなく，背中に体重がかかればかかるほど，背中の動きも直接制限されます。咳をするというのは全身の動きであり，背中の動きが制限されるとそれだけ咳をする力は弱くなります。結果，痰を出そうとしても押し出すための咳ができず，喉に溜まり続ける可能性が高まります。

よくギャッジアップした臥位からフラットな臥位にした時に，急に喉がゴロゴロすることがありますが，それはその体位にしたからというよりも，それまでのギャッジアップした臥位で喉の奥に静かに痰が溜まっていたことが原因である場合が非常に多いです。また，ギャッジアップベッドの角度がついていると，重力の作用により痰は気管の下方向にとどまろうとするため，より痰の排出を困難にします。

この点を踏まえて考えると，痰が絡みやすい人は背中をしっかり起こして座位をとることで全身で咳がしやすくなり，痰を排出しやすくなります。重力の影響はありますが，それよりも全身を使って咳き込んで痰を排出できる方が強力な場合が多いです。

寝た状態の場合は，フラットな面での側臥位をおすすめしています。側臥位では食道と気管がベッドと水平になるために，痰が重力によって気管の方に引っ張られることはなくなります。加えて，背中に体重がかからないことで全身を使って咳をすることができるので，仰臥位よりもさらに強い咳がしやすくなります。また，フラットな面に寝ていることでゴソゴソ動くことを促し，身体の余分な緊張を取り除きます。さらに，痰に唾液が混じっても量が多ければ口から出すこともできます。ただし，現実的には身体の変形や拘縮などで完全に横向きになることは難しい場合もありますが，少しだけ横を向いた状態で楽にポジショニングしても効果はあります。

側臥位もずっと同じ角度はつらいので，時々横向きの角度を変えていくとより楽になりま

す。また，前述したように側臥位はフラットなベッドでしかできません。側臥位のままの背上げは，無理な体位になります。軽く上げていても思いのほか動きを制限しています。側臥位でギャッジアップは小さい角度だとしても，特別な理由がない限りやめた方がよいでしょう。

　大前提として，身体が緊張していると，仰臥位であれ側臥位であれ緊張が咳をすることを大きく邪魔するので，「肩代わりの原理」を使ったポジショニングで身体の緊張を落として楽に寝てもらってください（P.103参照）。身体の緊張が減ると，フラットな仰臥位でも痰がきちんと出せて，楽に寝れる人も多いです。また，無理やり側臥位にして緊張を高めることも意味がないので注意をしてください。

※症状が強い場合は，医療的な処置が必要な場合もあります。その場合は無理をせず，医師や看護師の指示を得るようにしてください。

デメリットを知らないまま使い続ける怖さ

　ギャッジアップベッドの使い方を誤ると，ベッドだと思っていたら，プレス機の上で寝ていたということにもなり得ます。**無理やり身体を曲げられ，動けない環境の中で寝ているため，廃用が進んでいくのも当然**の話です。まさに「寝たきりを製造するマシーン」です。

　しかし恐ろしいことに，このようなリスクをほとんどの人が知りません。介助のプロでも，そのデメリットに気づいている人は少ないと思います。実際，現場では意味もなくベッドの背上げ機能を使って，頭側を起こしていることも少なくありません。

　医療的な意味があって，背上げ機能を使っているのならば仕方ないかもしれませんが，なんとなく使って頭を起こすことは，**知らず知らずのうちに相手を動けなくしている**ということを理解する必要があります。また，廃用を高めるということは，身体がさらに動かなくなるので，援助者の負担もさらに増えることになります。

こちらの動画もチェック！
ギャッジアップベッド　問題点と本当の使い方
ギャッジアップベッドの問題点と本当の使い方（ギャッチアップベッ…
https://youtu.be/fuxDv5EO5hU

まとめ

①使い方を間違えると，ベッドは身体を強制的に曲げるプレス機になります。
②人は支持面が斜めだと，まともに動くことができません。
③そして，そのようなリスクはほとんど知られていないのが現状です。

【23】ギャッジアップベッドの 使い方
回復に向けた土台はベッドから始まる

  負担にならないギャッジアップベッドの 使い方を教えてください。

  ベッドはフラットな状態を基本に使いましょう。

　安易に背上げや足上げ機能に頼ることはおすすめしません。まずはフラットな状態をベースに支援を考えます。もし平面で寝てもらうことが大変そうなら，クッションなどを使って工夫しましょう。

【注意】ここでは医療的に特殊な例を除きます。医師の指示などで特別な体位を支援する必要がある場合は，そちらを優先してください。

ベッドはフラットな状態で使用するのが基本

　特に**寝たきりの人や自分で動けない人のベッドは，基本的にフラットな状態で使用する**ことをおすすめします。そうすることで身体をゴソゴソと動かしやすい環境になったり，無理に身体がプレスされたりすることもなくなります。

　また，**背上げや足上げ機能を安易に使わず**，その代わりに**クッションを使用することで対応しましょう**。クッションであれば，その場でその人に合わせることが可能です。よく円背の人

円背の人には，タオルやクッションを使って調整しましょう

に対して背上げ機能で対応しがちですが，枕のボリュームを増やして大きくしたり，タオルやクッションを使ったりすることで，ベッドがフラットでも上半身が起きた状態で快適に過ごすことができます。

　足上げ機能は，足が変形していようが関係なく強制的に持ち上げることで負担が強くなるので，基本的に使うことをおすすめしません。代わりに，クッションを使用することで変形に合わせてサポートすることができます。また，支持面がフラットだとゴソゴソ動くことも可能です。動くことを考えたら，ベッドはフラットな状態が一番動きやすいのは間違いあり

ません。そして，人はゴソゴソ動くから，快適に健康的に寝ることができます。

ベッド上で座位をとる時

　ベッド上で座位をとることもあると思います。相手の身体を起こす際はできるだけ背上げ機能を使わず，できれば援助者の手を使って丁寧に起き上がりを介助しましょう（P.39参照）。**背上げ機能で身体を起こすと，身体は無理やり曲げられ，緊張が強まる**のでおすすめしません。背中が過剰にベッドに引っ張られるので，自分で動きにくくなります。

　ベッドの座位でズレを予防するために，足上げ機能を使うこともあるようですが，寝ている時と同様に基本的には使わない方がよいです。これも体験してもらうとわかるのですが，背上げと足上げで挟み込まれた状態の座位は，座ることはできますが「とても苦しい」です。無理やりベッドに挟み込まれている状態が座位のように見えるだけで，自ら座っているわけではありません。この状態では緊張が強く，動けないので，褥瘡や廃用のリスクも高まります。ベッド上で座位を保持したいなら，足上げ機能を使うのではなく，大きめのクッションで代用することをおすすします。ズレたら座り直し介助を行い，クッションを上手に使うことで，楽に座位をとることができます。

　また，「背上げと足上げを交互に上げていくことで，ズレないようにする」という方法を聞いたことがあるかもしれませんが，これもおす

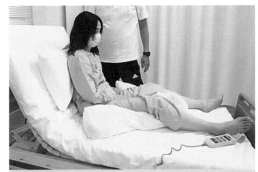
足上げ機能を使わず，クッションを使って楽に座れている状態

すめしません。一気に行うよりはマシという程度で，問題の本質である「機械の力で無理やり身体を曲げられ挟まれている」ということは何も解決していません。少し手間がかかりますが，手で起き上がり介助をして，その後ベッドを操作し，背もたれとして使う方がベターです。

どうしても背上げ機能を使いたい場合

　介護スキルの問題や，相手の体格などによっては，背上げ機能に頼りたくなることもあるでしょう。その場合でも，相手の負担を減らすかかわりが必要です。

　背上げ機能を使うと，特に背中やお尻に過剰なストレスがかかり，それを放っておくと拘縮や褥瘡につながります。でもそれは，ちょっとした「ゴソゴソ介助」によって軽減することができます。「**背抜き**」と呼ばれていることが多いですが，単なる背抜きでは不十分で，身体がベッドに馴染めるようにゴソゴソと**背中やお尻を「優しく揺らす」**のです。普段健康な私たちも，何か不快を感じたらゴソゴソ身体を動かして馴染もうとするのと同じ動きです。

　また，背上げ機能はある程度使う場合があっても，足上げ機能は極力使わない方がよいでしょう。「背上げ機能だけを使うとベッドからズレる」と思われるかもしれませんが，前述したように**足側はクッションでサポートする方がよい**です。それでもズレるという人には，

身体を起こしてから座り直しをさせてあげてください。身体は無理やり足上げ機能によって挟み込まれるより，ズレた方がよっぽどマシです。「ズレない」ということは，そのストレスは全部身体に向かいます。とても窮屈で苦しいのです。ズレる自由も時には必要なのです。

また，自分でリモコンを操作して，ベッドの背上げ機能を使う人は，起き上がりができなくても自分でゴソゴソ動けることが多いので，ギャッジアップベッドの負荷はかなり軽減されています。その場合は，例外的にベッドの機能を使って起き上がることもアリだと思います。ただし，フラットな状態から自分で起き上がる方が負荷は少ないので，できることならフラットな状態から起き上がりを学習してもらう方がベターと言えます。

ベッドは回復に向けてのすべての土台

褥瘡予防というとマットレスやポジショニングに注目されがちですが，その土台となるのは物理的なベッドです。ベッドの使い方を変えることで，すべてが良くなることも，台無しになることもあります。

また，人は本来，寝てゴソゴソ動くことを積み重ねることで自然と座り，歩くことができるようになっていきます。皆，赤ん坊のころから経験していることです。寝たきりの人が回復する手順も実は同じです。**ベッドでゴソゴソ動くことを積み重ねるからこそ，それが起き上がりの基盤になり，再び歩くための準備になります**。それなのに，寝ている時に無理やり挟み込まれて動けない状態でいたら，ゴソゴソ動くことを積み重ねることが全くできなくなり，それが座位や歩行にも悪影響を及ぼします。当然，予後も大きく変わります。

回復に向けてのすべての土台は，ベッドから始まると言っても過言ではありません。なんでもリモコン一つで済ませると簡単かもしれませんが，少しの手間をかけて，ベッドの使い方を見直してみることをおすすめします。

①特別な状況を除いて，ベッドはフラットな状態で使用しましょう（寝たきりの人にはポジショニングも行いましょう）。
②起き上がりを，安易に背上げ機能に頼らないようにしましょう。
③どうしても背上げ機能を使う場合は，ゴソゴソ支援を欠かさずに行いましょう。
④ベッドでゴソゴソ動けることから，すべてが始まります。

「尊敬されること」に価値はあるか？

　多くの人が，「尊敬されたい」という願望を持っています。しかし，私が言いたいのは「尊敬されたところで，人の価値なんて1mmも上がらない」ということです。

あなたはどちらの人を助けますか？

　例えば，崖に2人の人がぶら下がってるとしましょう。1人はとても尊敬できる人で，以前，その人の本を読んでとても感動した有名な先生です。もう1人は，いつもアホなことばかり言っているけど，一緒にいると楽しい仲の良い友達です。

　この状況で1人しか助けることができないとしたら，皆さんならどちらを助けるでしょうか？　たぶん，仲の良い友達を助けると答える人が多いと思います。このように考えると，「尊敬されること」って実は価値がないことだと思いませんか？

　人間同士の付き合いにおいては，尊敬されるかどうかよりも，もっと大切なものがあると思うわけです。私なら，尊敬されるよりも，その人と一緒にいる楽しい時間を過ごしたりしながら，頼ったり，頼られたりして付き合う方がよいです。そう考えると，人として付き合えることに「尊敬できるかどうか」なんて微々たるものです。

尊敬にこだわらないから自分や他人にも向き合える

　尊敬は悪いことではないので，してもされてもよいと思います。でも，そんなことを気にしなくとも，人は誰かの大切な存在になれるし，そもそも尊敬されようが，されなかろうが，人としての価値はそんなところにないと思います。

　病気になっても，障がいを持ってできないことが増えようとも，それで価値が下がるということはありません。「尊敬されても，尊敬されなくてもどっちでもよい」と思えることが，本当に自分で自分を尊重することになるのだと思います。またそう思えることで，初めて自分以外の人はもちろん，人のお世話になったり，できないことが増えたりした人であっても，そんなことは一切関係なく価値ある人同士として向き合えることができるのだと思います。

　そうは言っても，私も「尊敬されたい」という欲が完全にはなくなりません。人に認められることって，やっぱり気持ちがよいですもんね。それでとてもしんどくなった時，この話を思い出してもらえると嬉しいです。「尊敬されたい」という気持ちを少しずつ手放していったら楽に生きれるし，多少の迷惑をお互い許し合いながら共に生きていくこともできます。

　尊敬されても，されなくても，ダサくても，かっこ悪くても，人の価値はそんなことで決まらないわけですから，もっと肩の力を抜いて，自分のしたいことをして，楽に生きればよいのではないかなぁと。

動きの学び方を学ぶ「シンプルラーニング」

　「シンプルラーニング」とは，「人はどのように動きを学習するのか」ということを学び，介助だけでなく動きに悩みや問題がある人が楽に動くことを助けるための概念です。

　健康に成長してきた私たちは，誰からも教わることなく歩くことができ，立つことができます。それらの動きを反復して練習したという記憶もないでしょう。なのに私たちは，当たり前のように無意識に動くことができます。

　考えてみたら不思議なことです。赤ん坊の頃に専門家が来て，「このように歩きましょう」と教えられたわけではありません。生まれたての頃は歩くことはもちろん，寝返りさえもできません。誰かに方法を教わったわけではないのに，人はどのように動きを学習したのでしょうか。その仕組みを「シンプルラーニング」の学習プログラムを通じて学びます。

　介護や福祉，医療に携わる人は「自分で楽に動けない人」にかかわることが多いと思います。そんな中で，自分で起き上がることができない人に「自分で起き上がりができるようになってほしい」，立てない人に「もう一度立てるようになってほしい」と思うことがあるでしょう。寝たきりの人には，「少しでも自分でゴソゴソ動くことができたら褥瘡も良くなるのに」と思ったことはありませんか？

　先述したように，私たちは「動き方」を教わったから動けるようになったわけではないのに，それを理解していない人は「ここに手をついてください」「足はこのように動かしてください」「この形で立ってください」と「動き方」をひたすら教えたり，無理やり反復練習をさせたりして覚えさせようとします。

　しかし，それらは人の自然な動きの学び方ではないため，当然うまくいきません。たとえ動くことができても，身体はガチガチで，とてもぎこちない動きになります。いくら正しい動きでも，学び方が不適切だと苦しいだけです。寝たきりの人に無理やり正しい立位をとらせても，苦しいだけでうまくいくはずがありません。生まれたての赤ん坊を無理やり立たせようとするのと同じことです。

　人は正しい動作を教えれば動くという単純なものではありません。**いくら動き方が正しくても，その正しさを無理やり押しつけられては，まともに動くことはできません。**むしろ正しい動きを押しつけられることで，身体がガチガチに固まってしまいます。従

来の方法論では，「人はどのように動くか」ということばかりに注目してしまい，より大切な「人は動きをどのように学ぶのか」という点をおろそかにしてしまっているのです。

「シンプルラーニング」は，**「人が自然と楽に動けるようになる方法やかかわり方」**を学びます。それを理解することで，初めて動けない人が楽に動くことを手伝えるようになります。「動き方を知っていること」と，「動きの学び方を知っていること」は明確に違います。

「シンプルラーニング」の考えは，介助にとどまらず，人と人のかかわり方，自分が楽に生きるための学習など，動きを学びながら幅広く学習します。楽に座る。心地よく寝る。楽に食事をとる。楽に人とかかわる…など，それらはさまざまな職種の支援が必要です。

生きることは動きそのものです。寝ている時はもちろん，死ぬまで私たちは常に動き続けています。そう考えると，「人生は動きの連続」と考えることができます。動きが楽になれば，人生そのものが楽になります。動きを支援することは，生きることを支援すると言っても過言ではありません。

「動きの学習」というと，リハビリ関係者に特化していると思われがちですが，楽に動くことは私たち人類にとって役に立つ大きなテーマですし，楽に動くことを支援することができれば，専門職としての質を大きく高めることができます。実際に介護士・看護師・リハビリ職種（PT/OT/ST）・整体師・柔道整復師・ホームヘルパー・在宅で家族をみている人など，いろいろな人が一緒に学べるコースです。体験学習がベースなので，どんな職種でも楽しく学べるようにプログラムされています。セミナーだと構えなくても大丈夫です。ワークショップのようなものです。

「予防介助」という考えも，実は「シンプルラーニング」がベースにつくられています。「シンプルラーニング」は奥が深いので，本書の内容に特化して「人を元気にする介助」を実践的に学びたいという人は「予防介助専門士」（P.91）を，人の動きそのものについてより深く学びたいという人は「シンプルラーニング」の学習をおすすめします。「シンプルラーニング」も私が確立した概念であり，全国でセミナーを開催しています。興味があれば，まずはベーシックコースから受講してみてください。

興味がある人は
「シンプルラーニング」
で検索 →

あとがき

　ここまで本書をご覧いただき誠にありがとうございます。本書では，皆さんが普段，現場でかかわっている「人（利用者）を元気にする介助術」について，一切の忖度抜きに書かせていただきました。

　もしかしたら，「人手が足りなくて忙しいから無理」「そんな余裕がない」「私には難しいかもしれない」と思われたかもしれません。確かに，現実的には時間が足りなかったり，余裕がなかったりするかもしれません。本書に書いてあることを100％実施することは難しいと思います。

　ただ，あなたが目の前の利用者を「元気にしたい」「楽に過ごしてもらいたい」「もっと穏やかに笑顔で過ごしてほしい」と思った時，その思いを少しでも実現するために，本書に書かれたことがきっとお役に立つと思います。

　ここまで読んでいただいた方なら，なんとなく理解していただけたかもしれませんが，本書の中で私がお伝えしていることは，単なる介助の方法ではなく，「人を元気にする方法」です。それを普段，皆さんが現場で行っている介助の視点で書いています。

　しかし，冒頭で述べたように，それらは簡単にすぐ実施できるというものではありません。ですので，書いてあることをすべて取り入れるのではなく，できないことを無理にするのではなく，できることを丁寧にするところから始めてください。

　少しずつあなたなりに，無理なく実行していけばよいのです。ほかの人と比べる必要はありません。無理して行うということは，決してしないでください。自分を犠牲にしてまで行う必要はありません。本書は，そのような目的で書いたのではなく，「人を元気にするかかわり」を学ぶことを通して，「あなた」にも元気になってほしいのです。

　本来「人を元気にするかかわり」は，援助する側の人も楽しいものなのです。自分のかかわりを通じて多くの人に喜んでいただけたなら，援助者としてとても嬉しいことだと思います。「あぁ，丁寧にかかわってよかったなぁ」と思えるでしょう。

　また，「あなた」という個性を活かしたかかわりを見つけてください。本書を参考にして自分で考えながら実践することは，とても充実したプロセスになります。あなたは単なる「介護スタッフA」ではありません。目の前の利用者本人からしたら，あなたはまぎれもな

く個性を持った「○○さん」であり，そのあなたがその人の介助をしているということを忘れないでください。そして，あなたは自分の人生の中で，目の前の利用者とかかわっていけばよいのです。

　本書で紹介している内容は，介助する側・される側が「お互いに楽」であることを目指しています。介助される利用者が楽になるだけでなく，援助者も利用者の援助をしながら「楽な動き」の理解を深めることで介助が楽になり，援助者の負担を減らすことが可能になります。さらに，日常生活の向き合い方も変わっていきます。

　もし，現場で実践してみて難しいと思ったなら，私が主催する「シンプルラーニング」や「予防介助専門士」のセミナーに参加して，実際に自分の身体で体験しながら学んでみてください。セミナーというとハードルが上がるかもしれませんが，そんなことはなく，イベントに参加するように気軽に楽しく学んでいただけます。

　私自身，「学ぶこと」は自分が楽しむためにあると思っています。利用者を元気にすることも，自分が楽しいから行います。利用者とのかかわりが楽になるのも，「自分のため」でよいと思うのです。それが結果的に利用者のためになるなら，それでいいじゃないですか。

　ぜひ，皆さんも自分が楽しむために，目の前の「利用者を元気にする介助」を学んでください。あなたのために人を幸せにしてください。自分のために，楽に楽しくかかわることを学んでください。

　私は「人は誰でも学べる」と信じています。それは本書を読んでいるあなたもです。どうか本書が，あなたの可能性に気づくきっかけになれば幸いです。

2023年10月

谷口　奨

「シンプルラーニング」「予防介助専門士」が学べるセミナースケジュール等はこちらのサイトからご確認ください。

「日本シンプルラーニング協会」
https://www.sp-learning.com

「予防介助認定協会」
https://www.yobo-kaijyo.com

著者略歴

谷口 奨 （たにぐち すすむ）

2005年に作業療法士免許取得。2010年より「楽な動き」をテーマに全国でセミナーを開催し，これまで述べ6,000人以上の医療・介護の専門職を中心に教育してきた。その内容の一部をYouTube「楽な動きの学習会」で伝えている。今までにない情報が多くの人の共感を得て人気チャネルに。現在は「日本シンプルラーニング協会」や「予防介助認定協会」代表として，動きに困っている人が楽に動ける社会をつくるために活動している。

お仕事のご依頼や著者への連絡は，
下記URLの「お問い合わせ」（またはQRコード）から
お願い致します。
https://www.yobo-kaijyo.com/

本気で人を元気にする介助術

2023年11月 4 日 発行　　第 1 版第 1 刷
2024年 4 月 6 日 発行　　　　第 2 刷

企　画：日総研グループ
代　表　岸田良平
発行所：日総研出版

著者：谷口　奨 ©

本部	〒451−0051 名古屋市西区則武新町 3 − 7 − 15（日総研ビル）
	☎ (052) 569−5628　　FAX (052) 561−1218

日総研お客様センター
名古屋市中村区則武本通 1 − 38
日総研グループ緑ビル　〒453-0017
電話 0120-057671　FAX 0120-052690

［札　　幌］☎(011)272−1821	［仙　台］☎(022)261−7660	［東　京］☎(03)5281−3721
［名古屋］☎(052)569−5628	［大　阪］☎(06)6262−3215	［広　島］☎(082)227−5668
［福　　岡］☎(092)414−9311	［編　集］☎(052)569−5665